Les Arbres témoins de l'Histoire

Richard Melloul

Les Arbres témoins de l'Histoire

Textes de
Cyril Drouhet

Michel Lafon

Sommaire

Richard Melloul

De vous à moi...

Alors que mon métier de photographe m'avait amené à Auschwitz, en Pologne, je parcourais les allées vides de ce mémorial où se joua l'une des plus grandes tragédies du siècle passé, où la barbarie nazie mit en œuvre sa politique d'extermination des juifs. Et je me suis mis à observer cet arbre planté à l'entrée du tristement célèbre camp n° 1, toujours là après le drame de la Shoah : il a regardé passer devant lui les victimes innocentes, dont si peu sont ressorties...

Vieux parfois de plusieurs siècles, combien sont-ils à travers le monde, tous ces acteurs passifs de l'Histoire ? Que pourraient-ils nous raconter ? Quels secrets conservent-ils dans leur longévité ? Dès lors, au cours de mes voyages, comme une évidence, je suis parti à la recherche de ces témoins d'événements grandioses ou bouleversants. Donner la parole à un vieux marronnier que le passant ne prend plus le temps de contempler mais qui enferme en lui tant de souvenirs, arrêter ses pas dans le jardin arlésien des Alyscamps, bruissant encore des fantômes de Gauguin ou de Van Gogh, immortaliser à travers l'objectif un simple épineux qui se révèle détenir toute la mémoire de l'humanité, rendre hommage enfin à cette nature silencieuse mais pleine de vie que nos sociétés modernes mettent à mal.

Du mont des Oliviers à Jérusalem au chêne d'Oradour-sur-Glane, en passant par le vieux sophora du Trianon de Versailles ou le tilleul du Mas-Saint-Jean, dans le Berry, tous ces arbres que vous découvrirez dans ces pages ont vu l'Histoire en marche : ils ont vu la dernière nuit du Christ avant son arrestation ; ils ont vu ces soldats SS abattre sans hésitation la population entière d'un paisible village du Limousin ; ils ont vu les dernières heures insouciantes de la reine Marie-Antoinette avant la Révolution ; ils ont vu Jeanne d'Arc se recueillir et prier avant d'engager la bataille contre les Anglais...

La forêt de Brocéliande reste un lieu imprégné des légendes de Merlin l'Enchanteur et de la folle épopée du roi Arthur ; le Major Oak de Sherwood sait toute la vérité sur Robin des bois, ce bandit généreux ; le pipal indien du Bihar, deux fois millénaire, a assisté à l'éveil de Bouddha ; un jardin de Roxbury a connu les plus beaux bonheurs de Marilyn Monroe.

Quand les hommes disparaissent, restent les arbres, immuables dans la tourmente et la folle équipée des hommes. Respectons-les, et prenons le temps de les interroger : ce sont de vieux sages qui ont tant d'anecdotes à nous murmurer...

Laissez à votre imagination la liberté de vous raconter chaque histoire comme vous le souhaitez. Et permettez-moi ce vœu : que ce livre, doucement, devienne le vôtre.

Aux arbres et à vous, merci.

Richard Melloul

Les oliviers d'Auguste Renoir

Le peintre Auguste Renoir passa les dernières années de son existence dans son domaine des Collettes, à peindre les oliviers qui l'entouraient.

À la fin de sa vie, le maître de l'impressionnisme est atteint de polyarthrite et ne peut plus peindre qu'en faisant attacher les pinceaux à ses poignets.

Comme chaque matin, ses fils aînés Pierre et Jean l'ont transporté dans ce fauteuil roulant qu'il ne quitte plus. Auguste Renoir a soixante et onze ans, une barbe de patriarche, le même visage émacié de sa jeunesse, et il porte sur son crâne très haut un chapeau de toile blanche qui le protège du soleil méditerranéen. L'homme souffre atrocement de rhumatismes aigus, le calvaire de sa fin de vie. Claude, le cadet, porte sur ses frêles épaules le chevalet, le châssis et la boîte de couleurs. On traverse des pins inondés de lumière, des cyprès de Provence, des arbousiers. Un léger parfum de lavande et de romarin mêlés s'évade d'une herbe sèche et brûlée par un ciel de feu.

Renoir s'installe enfin au cœur de son domaine des Collettes, qu'il a acheté cinq ans plus tôt, en 1907, tout près de Cagnes-sur-Mer. Une propriété de trois hectares boisés d'oliviers centenaires, surplombant le cap d'Antibes et la baie des Anges. L'homme aux 4 000 tableaux connaît bien l'endroit, qu'il apercevait en fiacre

Il charge sa pâte, superpose les couleurs, les brosse toujours plus afin d'obtenir une matière lisse et soyeuse.
La lumière et les oliviers prennent naissance sur la toile.

quand il allait rendre visite à son ami Cézanne. Un promoteur souhaitait l'acquérir pour couper les oliviers et installer des serres florales. Renoir n'en supportait pas l'idée, il voulait sauver les arbres.

La maladie s'est aggravée depuis quelques mois. Ses mains sont déformées par la polyarthrite, ses ongles pénètrent dans la chair de ses paumes, il ne peut plus peindre qu'en faisant attacher les pinceaux à ses poignets. Avant de se mettre au travail, il regarde doucement cette terre qui le verra s'éteindre. Les oliviers des Collettes sont parmi les plus beaux du monde. Cinq siècles d'existence, de tempêtes et de sécheresses, d'orages, de gelées, d'élagages et d'abandon, leur ont donné les formes les plus inattendues. Certains troncs ressemblent à des divinités barbares. Les branches se tordent, s'enlacent en des motifs que le décorateur le plus audacieux n'oserait concevoir. Leur feuillage argenté répand une ombre subtile. Et le tout forme une majesté rare alliée à une légèreté aérienne. L'ancien propriétaire prétendait que François Ier les avait fait planter par ses soldats pour les occuper lors d'une trêve dans ses guerres contre l'empereur Charles Quint.

Le lieu inspire Renoir. Il retrouve les gestes qui firent de lui le maître de l'impressionnisme avec ses amis Monet et Sisley. Il charge sa pâte, superpose les couleurs, les brosse toujours plus afin d'obtenir une matière lisse et soyeuse. La lumière et les oliviers prennent naissance sur la toile. Le contour se resserre et se fait plus précis. Il revit.

Le vieil homme retrouve l'inspiration, passe des journées entières à regarder tourner le soleil, plonge son âme dans ce gouffre de verdure, et joue avec son modèle : « L'olivier ! Si vous saviez ce qu'il m'a embêté. Ses petites feuilles, ce qu'elles m'ont fait suer ! Un coup de vent, mon arbre change de tonalité. La couleur, elle n'est pas dans les feuilles, mais dans les espaces vides. La nature, je ne peux pas la peindre, je le sais, mais le corps à corps avec elle m'amuse. Un peintre ne peut pas être un grand peintre s'il ne connaît pas le paysage. »

C'est là, le 3 décembre 1919, dans cet Olympe privilégié, que Renoir s'envolera dans la chaleur de ses oliviers, à l'âge de soixante-dix-huit ans. Il venait de terminer de peindre une nature morte : un bouquet de fleurs cueillies par sa servante dans son jardin qu'il aimait tant.

Le domaine des Collettes, à Cagnes-sur-Mer, abrita Renoir jusqu'à sa mort, en 1919. C'est désormais un musée dédié au peintre ouvert toute l'année.

Le chêne d'Oradour-sur-Glane

Après la Libération, en août 1944, les soldats américains pénètrent dans le village martyr d'Oradour-sur-Glane, dans le Limousin, où 642 personnes furent tuées le 10 juin par la Waffen SS.

Oradour-sur-Glane est devenu un centre de mémoire, conservé à l'état de ruine pour témoigner des souffrances infligées à ses habitants.

Toi qui t'arrêtes un instant devant cette photographie, regarde bien ce chêne impassible qui se dresse au milieu des ruines. Ferme les yeux, et souviens-toi…

Souviens-toi de ce paisible village du Limousin dont le nom, Oradour-sur-Glane, vient du mot latin *oratorium*, qui signifie « lieu de prière pour les morts ». Triste destin…

Souviens-toi qu'en 1848 la population accueillit la République avec un tel bonheur qu'elle planta cet arbre sur la place de la Halle, en le surnommant « chêne de la Liberté ». Quel symbole aujourd'hui…

Souviens-toi de ce matin du 10 juin 1944, quatre jours après le débarquement de Normandie. C'est jour de distribution de tabac, les enfants entrent à l'école, on se prend à espérer le départ de l'occupant, c'est une belle journée de printemps qui s'annonce…

Souviens-toi à jamais du major Adolf Diekmann. Il commandait la sinistre division Das Reich, 160 hommes de la Waffen SS, une cohorte de la mort qui semait la terreur et la barbarie en remontant vers le front. Le 8 juin, à Tulle, il avait fait pendre 99 hommes. Pour l'exemple, prétendait-il. Pour marquer les consciences et réaffirmer, malgré la déroute, la supériorité des nazis…

Souviens-toi que cette horde barbare, refusant la défaite annoncée, était animée d'une colère froide, d'une folie sanglante en pénétrant dans Oradour-sur-Glane à 14 heures…

Souviens-toi qu'ils ont rassemblé toute la population sur la grand-place, sous le prétexte d'une vérification d'identité, face

au malheureux chêne impuissant. Ils ont barré les trois principales voies d'accès au village, interdisant toute entrée, toute sortie. Puis ils ont divisé les habitants en deux groupes. D'un côté, les femmes et les enfants ; de l'autre les hommes. Les premiers ont été conduits dans l'église, les hommes dans des granges, dans des hangars, dans des garages, où ils ont été mitraillés sans explication.

Souviens-toi qu'à 16 heures, une forte détonation a soufflé le chœur de l'église, que des flammes ont jailli, que le feu a commencé à ravager l'édifice, que des femmes ont crié, que les corps ont brûlé, que le toit s'est écroulé sur les victimes, que la cloche a fondu tant la chaleur était accablante, et que, dehors, les SS se tenaient au garde-à-vous en contemplant leur tuerie…

Souviens-toi que ceux qui tentaient de fuir le brasier, malgré leurs blessures, malgré leurs suppliques, étaient froidement abattus…

Souviens-toi qu'à Oradour-sur-Glane, 326 habitations ont été incendiées et que 642 personnes ont péri. Parmi elles, 246 femmes et 207 enfants, dont 6 avaient moins de six mois…

Souviens-toi qu'un des rescapés doit sa survie au fait que des dizaines de cadavres lui sont tombés dessus, qu'il est resté caché là jusqu'au lendemain matin sans bouger, tandis que les SS revenaient pour achever ceux qui respiraient encore.

Souviens-toi que le commandant Diekmann n'a jamais été jugé pour cette infamie, qu'il est mort au combat moins de trois semaines plus tard, quelque part en Normandie…

Souviens-toi qu'ici, l'homme, par son aveuglement et son acharnement, a exhibé à jamais la souffrance…

Souviens-toi aussi des vers du poète Jean Tardieu : « Oradour n'a plus de femmes / Oradour n'a plus un homme / Oradour n'a plus de feuilles / Oradour n'a plus de pierres / Oradour n'a plus d'église / Oradour n'a plus d'enfants […] / Oradour n'est plus qu'un cri / Et c'est bien la pire offense […] »…

Souviens-toi que ce chêne dressé restera à jamais le témoin d'un crime odieux. Porte-lui un peu d'attention, préserve-le, il se souvient de tout…

Le commandant SS
Adolf Diekmann n'hésita pas à faire assassiner 207 enfants. Il mourut au combat, en Normandie, trois semaines après ses exactions.

Souviens-toi de ce paisible village du Limousin dont le nom, Oradour-sur-Glane, vient du mot latin *oratorium*, qui signifie « lieu de prière pour les morts ».

La frontière de la vie

Lac gelé
sur la péninsule
de Taïmyr, dans
le nord de la Sibérie.

Le vieux Piotr vient de lever son bras et ordonne à la longue file de traîneaux qui le suit de stopper son avancée. La tempête fait rage sur cette péninsule du Taïmyr, tout en haut de la Sibérie, au-delà du cercle arctique. Les vents glacés soufflent à plus de 120 km/heure, les températures avoisinent les moins 30 degrés, et il faut impérativement installer le campement. Piotr est un sage, il connaît parfaitement ces terres inhospitalières balayées par le blizzard, et il sait qu'il faudra passer ici un hiver qui durera près de dix mois. Piotr est un Dolgane, il appartient à l'un des derniers peuples nomades et, depuis sa plus tendre enfance, il parcourt un territoire plus grand que la France, à quelques encablures du pôle Nord. Les joues rongées par une barbe parsemée de cristaux de glace, la tête recouverte d'une large fourrure, il descend de son traîneau sur lequel est placé son *balok*, une petite maison traditionnelle où il vit, dans la plus totale promiscuité, avec sa femme, son grand fils et ses petits-enfants. Il dirige une équipée d'une vingtaine de familles, près de 250 individus avec des enfants en bas âge qui n'ont pas peur d'affronter la rigueur du climat. Les *balok* sont maintenant placés en cercle, on a détaché les rennes qui les tractaient, réuni le troupeau d'un millier de têtes. Les rennes sont les seuls biens de ces Dolganes : ils fournissent la viande, le cuir nécessaire à fabriquer les longs manteaux qui protègent du gel et, quand l'été revient, quand les migrations reprennent, on les revend aux Russes qui ont construit des usines, aux hommes qui grignotent peu à peu leur civilisation dans ces derniers espaces de liberté.

Les rennes sont les seuls biens de ces Dolganes : ils fournissent la viande, le cuir nécessaire à fabriquer les longs manteaux qui protègent du gel…

Piotr s'est assis au centre du foyer, faiblement réchauffé par la chaleur d'un poêle à bois. Il a rassemblé les plus jeunes de son ethnie, il ferme doucement les yeux et, entre deux hurlements du vent en rafales, il leur raconte la légende du Taïmyr, l'histoire de son peuple.

« Lorsque la terre apparut, il n'y avait que des cimes. Deux mottes de terre se détachèrent du ravin qui surplombait la rivière. Elles tombèrent sur le sable des berges et se transformèrent en humains. Entre les montagnes, il y avait une sorte de cuvette à fond plat. Un jeune saule se mit à pousser et deux enfants, un garçon et une fille, naquirent. D'abord, ils se nourrirent d'herbe. Puis, en grandissant, ils rencontrèrent des rennes, qu'ils attachèrent avec une corde d'herbe. La jeune femme engendra deux petits. Quatre humains, quatre rennes : ils vivaient tous ensemble. Les enfants grandirent à leur tour et ils eurent d'autres enfants. Et les rennes aussi. Vous êtes leurs descendants et notre sort est lié à celui des rennes. Ne les abandonnez pas, ne rejoignez jamais les villes, ne perdez jamais votre âme. » Piotr s'arrête un moment puis ouvre légèrement un pan du *balok* avant de glisser ses yeux vers le lointain : « Regardez les arbres de cette forêt, ne vous aventurez jamais au-delà de cette limite. C'est la frontière de la vie. Derrière se trouve un océan de glace, plus rien ne pousse, c'est la mort assurée. Savez-vous qu'un peu plus loin, sur cette terre interdite du cap Tcheliouskine, en 1919, le navire de l'explorateur Amundsen fit escale ? Il laissa deux hommes après y avoir hiverné avec, pour instruction, de rejoindre la bourgade de Dikson pour y apporter le courrier d'Amundsen. On ne les retrouva jamais. L'immensité les avait emportés. »

Le vieux Piotr a achevé son récit. Il quitte son *balok* et marche au milieu de ces arbres qui ont su s'adapter au climat froid des régions subarctiques, au cœur de la taïga, un mot russe signifiant « terre des petits bâtons ». Ces petits bâtons sont des mélèzes, des conifères hauts d'une vingtaine de mètres qui ont cette particularité de perdre leurs aiguilles chaque automne. Cette forêt boréale marque la fin du territoire des Dolganes. Piotr sait que son mode de vie touche à sa fin. Son peuple ne compte plus que quelques milliers d'individus, et la population de rennes se raréfie. Il sent que la terre se réchauffe, que ses enfants sont attirés par les lumières du monde moderne et veulent se sédentariser. Bientôt les mélèzes ne recevront plus la visite des hommes.

Piotr est un sage, il connaît parfaitement ces terres inhospitalières balayées par le blizzard, et il sait qu'il faudra passer ici un hiver qui durera près de dix mois. Piotr est un Dolgane, il appartient à l'un des derniers peuples nomades…

Le gardien des Enfers

Sept mille déportés seulement survécurent au drame d'Auschwitz. Le 27 janvier 1945, ils quittèrent épuisés le camp libéré par l'armée russe.

HALT
ARBE
MAC

FREI

Le mémorial d'Auschwitz, en Pologne, où plus d'un million de juifs furent exterminés par l'Allemagne nazie.

Je suis un arbre immense aux feuilles abondantes tournées vers le soleil. Je suis un arbre triste, avec toute la détresse de rester planté là, dans ce vaste cimetière sans tombes. Je suis ce témoin qui a vu passer des centaines de milliers d'hommes, de femmes et d'enfants. Je suis celui qui ne les a jamais vus revenir. Je veille un monstre maléfique à l'entrée du camp n° 1 d'Auschwitz, juste derrière ce porche et sa pernicieuse inscription, tristement célèbre : « *Arbeit macht frei* » (Le travail rend libre). Le long d'un sol rocailleux, je cache de sinistres blocs qui abritèrent un temps, mais trop longtemps, ceux qui portaient l'étoile jaune, et qu'on acheminait de toute l'Europe, de Kiev, de Paris, de Budapest ou de Varsovie. Et qui arrivaient là pour mourir.

Ces trains, ces rails qui menaient vers l'horreur, achevaient leur route morbide à quelques mètres de moi. Des yeux hagards, des individus perdus, apeurés, descendaient des wagons sans lumière. On séparait les familles, on gardait les plus vaillants et l'on emportait les plus faibles pour rejoindre l'enfer.

J'ai vu arriver cette petite fille avec des nattes brunes qui, dans ses mains, tenait une poupée. J'ai vu sa mère qui la portait dans ses bras, marchant dans la file des ombres, le regard sur ses chaussures, entourée par la brume. La mère tenait l'enfant, comme l'enfant la poupée. J'ai vu ces trois-là s'enfoncer dans l'allée, silencieuses, suivant un groupe d'individus la tête baissée, escortés par des soldats SS impavides qui tenaient en laisse des chiens excités. Dans les chambres à gaz maquillées en salles de douche, ils se sont déshabillés avec une dernière lueur d'espoir, confiant leurs vêtements juste pour un instant, pensaient-ils. Ils n'avaient plus de nom, ils n'avaient plus de prénom. Un numéro était gravé sur leur peau. Tatoués comme des bêtes.

Un soir d'octobre 1942, j'ai vu les projecteurs s'allumer depuis les miradors. J'ai entendu de la musique, des voix d'enfants entonnant maladroitement des chants de l'armée allemande. Encadrés par des SS rieurs en tenue de parade s'avançaient une soixantaine de petits Lituaniens, vêtus de longues chemises de nuit blanches. Leurs tortionnaires les avaient déguisés en marionnettes. La colonne est passée près de moi, s'est éloignée, les chants se sont estompés. Puis, plus rien. Plus tard, la fumée de la cheminée d'un crématoire a viré au noir. Il n'y avait plus d'enfants. Les SS les avaient fait défiler jusqu'au lieu de leur supplice. Ils ont disparu... comme 1,3 million d'innocents que la mort a emportés entre ces baraquements.

Aujourd'hui, ceux qui se rendent à Auschwitz marchent avec respect dans ce lieu maudit. Certains ont des larmes au coin des yeux et voudraient savoir si un père, une mère ou un proche se sont adossés contre moi. Personne n'a voulu me détruire, me déraciner. Pour ne pas oublier. Moi, je ne cesse de me répéter ces mots écrits en yiddish par le petit Chaïm, disparu ici à l'âge de quatorze ans : « Si le ciel était du papier et si toutes les mers du monde étaient de l'encre, ils ne suffiraient pas pour vous décrire ma souffrance et tout ce qui se passe autour de moi. » Mes racines poussent dans une terre de sang, de terreur, de génocide. Je suis un arbre qui participe au devoir de mémoire...

Aujourd'hui, ceux qui se rendent à Auschwitz marchent avec respect dans ce lieu maudit. Certains ont des larmes au coin des yeux et voudraient savoir si un père, une mère ou un proche se sont adossés contre moi.

Birkenau, un autre camp de la mort, à trois kilomètres d'Auschwitz. Son nom signifie littéralement en allemand « la petite prairie aux bouleaux ».

Les cèdres de George Sand

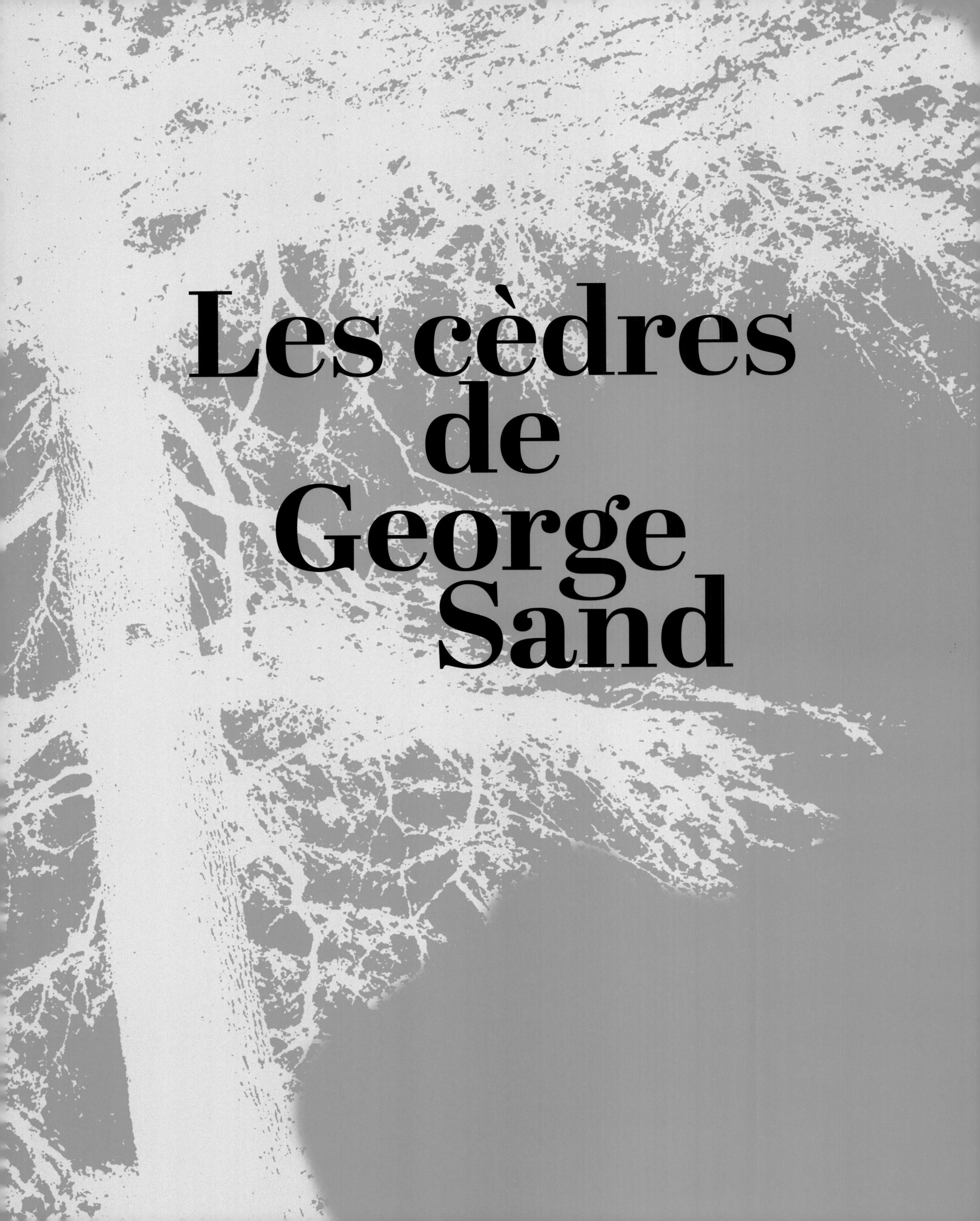

Portrait de George Sand réalisé en 1838 par Auguste Charpentier. La romancière, née Amantine Aurore Lucile Dupin, avait alors trente-quatre ans.

Au cœur du Berry, le domaine de Nohant est ouvert au public et permet d'entrer dans l'intimité de l'auteure de *La Petite Fadette.*

La berline, tirée par quatre chevaux, a quitté la capitale dès l'aube et longe maintenant les eaux de l'Indre, au cœur du Berry. À l'intérieur, une femme en fuite qui a pris part aux émeutes de ce mois de mai 1848. Le roi Louis-Philippe vient d'être déchu, la IIe République a été proclamée et la gauche ouvrière a cru prendre le pouvoir. L'insurrection a été réprimée dans le sang et les chefs de la révolte, Auguste Blanqui, Armand Barbès, Pierre Leroux, ont été arrêtés. Ces hommes étaient ses amis et elle a dû quitter la capitale. Elle, c'est George Sand, auteure à succès connue du Tout-Paris littéraire, mais avant tout idéaliste, sulfureuse dans ses amours, féministe avant l'heure, une scandaleuse qui dénonce les bien-pensants, dans sa vie comme dans ses écrits. Dans la voiture qui l'emporte loin de la disgrâce, elle note avec mélancolie : « Cette folle affaire du 15 mai remet le progrès des idées aux calendes grecques. Ma foi n'est pas ébranlée, mais mon cœur est triste. » Elle ne veut pas quitter la France pour l'Italie, comme le lui ont conseillé ses proches. Elle préfère rejoindre son domaine de Nohant, non loin de Châteauroux, la maison de son enfance dans cet écrin de verdure, sur cette terre où elle a été élevée, où elle aime se ressourcer pour écrire, là où son bonheur est absolu.

Nohant, c'est le refuge secret d'une femme engagée, une maison de maître datant des années 1770, entourée d'un parc de cinq hectares. George Sand a hérité de ce joyau à la mort de sa grand-mère. On oublie souvent que la romancière avait pris ce nom d'emprunt pour être l'égale des hommes, qu'elle était née Amantine Aurore Lucile Dupin de Francueil, que son aïeul n'était rien de moins que le roi de Pologne. Mais peut-on vraiment écrire avec

GEORGE SAND

du sang bleu quand on prône l'indépendance, l'égalité des sexes et la liberté absolue ? Le choix ne fut pas difficile.

George Sand a retrouvé Nohant. Depuis la cour d'honneur, ombragée par un grand if, elle emprunte directement l'allée de pivoines, traverse le verger et le potager qui fournissent les plus beaux fruits toute l'année, s'attarde un moment dans la roseraie entourant des parterres de fleurs, puis s'enfonce dans cette grande allée droite qui mène au bois puis à une petite île enchanteresse. Enfin, elle s'assied devant deux jeunes cèdres qu'elle a plantés pour la naissance de ses enfants, Maurice, venu au monde en 1823, et Solange, née en 1828. Elle les contemple et écrit : « Ces deux cèdres du Liban, les verrons-nous jamais grands ? Seront-ils nos survivants ? Dans cent ans ou dans deux cents. »

George Sand est nostalgique. C'est déjà ici que la romancière a rédigé *La Mare au diable*, la plupart de ses romans, de ses pièces de théâtre et des centaines d'articles enflammés en quête d'idéal. C'est ici qu'elle a aimé Alfred de Musset et Frédéric Chopin. C'est ici qu'elle a frissonné, qu'elle a transpiré, qu'elle a pleuré, qu'elle a espéré. C'est ici surtout qu'elle se retrouve, en son jardin, dans la plénitude de la nature. Au peintre Eugène Delacroix elle fait partager cette joie d'un plaisir simple : « Je sème, je plante, je fume mes plates-bandes, je fais des massifs, j'enfonce des pieux, je relève des murs. Je suis en sabots toute la journée et ne rentre que pour dîner. » À Nohant, George Sand a les mains dans la terre, elle oublie le temps et la révolte.

Le dernier jour de sa vie, alors qu'elle est étendue sur un lit d'appoint aux abords de la fenêtre de sa chambre, souffrant le martyre depuis une semaine, c'est vers les arbres de son domaine que ses yeux se tournent pour finalement se fermer, le 8 juin 1876. Dans le parc, les deux cèdres ont déjà tenu deux cents ans, ils ont été labellisés « Arbres remarquables de France » et respirent le souvenir d'une femme qui a tant inspiré ses contemporains. En les contemplant, dans cet espace hors du temps, il semble que les doigts de Chopin courent encore sur le piano dont les notes romantiques s'évaporent dans l'air parfumé des jardins.

« Ces deux cèdres du Liban,
les verrons-nous jamais grands ?
Seront-ils nos survivants ?
Dans cent ans ou dans deux cents. »

L'arbre des fusillés

Nombreux sont les résistants français à avoir trouvé la mort durant la Seconde Guerre mondiale, au nom de la liberté de tout un pays.

PASSANT
RESPECTE CE CHÊNE
IL PORTE LES TRACES DE BALLES
QUI ONT TUÉ NOS MARTYRS

« Passant, respecte ce chêne : il porte les traces de balles qui ont tué nos martyrs. »* Un simple écriteau, orné des trois couleurs de la France et apposé sur le tronc tortueux de cet arbre centenaire, attire le regard des promeneurs qui traversent le bois de Boulogne, non loin de la Grande Cascade. Un écriteau pour réveiller les consciences, pour ne pas oublier le sacrifice de ceux qui donnèrent leur sang contre la barbarie nazie.

Passant, leurs noms ne te disent sans doute rien. Ils s'appelaient Fernand, Marcel, René, Maurice ou Jacques, ils étaient trente-cinq, avaient entre dix-huit et vingt-deux ans, et ont été fusillés dans la fleur de l'âge près de ce chêne un soir d'été, en ce sanglant mois d'août 1944. Parce qu'ils étaient résistants, parce qu'ils étaient impatients de se battre, parce qu'ils ont trouvé face à eux des hommes endoctrinés, emplis de haine et endurcis par les combats, affolés devant l'imminence de leur défaite.

Passant, ces jeunes gens n'ont pas connu Paris libéré, c'était pourtant leur rêve le plus cher. Tous s'étaient juré de chasser l'occupant qui avait recouvert la capitale dans une nuit de l'infamie et des exactions. Ils appartenaient au peuple rebelle de Paris, dignes héritiers de la Révolution de 1789, de la Commune et du Front populaire. Certains avaient rejoint les rangs des Forces françaises de l'intérieur, d'autres les Francs-tireurs et partisans ou les Jeunes Chrétiens combattants. Tous avaient entendu ces mots du chef de la France libre quand, depuis Londres, il avait appelé au soulèvement. À la radio, le général de Gaulle avait annoncé d'une voix grave : « *Le devoir de chaque Français, de chaque Française, est de lutter activement par tous les moyens en son pouvoir à la fois contre lui-même et contre les gens de Vichy qui sont les complices de l'ennemi. La libération nationale ne peut être séparée de l'insurrection nationale.* »

Ils étaient 35 jeunes résistants entre dix-huit et vingt-quatre ans. Dénoncés, ils ont été fusillés par les Allemands dans le bois de Boulogne, juste avant la libération de Paris.

M. GUILBERT
G. HEMERY
F. HEMON
M-H. HUCHARD
G. LORIOZ
R. MACISSON
J. RESTIGNAT
P. ROUILLON
P. SARRABAYROUSE
J. SCHLOSSER
M. THIBAIRENQ
G. TRAPLETTI
L. VANNINI
R. VERDEAUX
G. VERDIER
J. VERON
P. WECZERKA

Tous s'étaient juré de chasser l'occupant qui avait recouvert la capitale dans une nuit de l'infamie et des exactions.

Passant, quand les Alliés ont débarqué sur les côtes de Normandie, quand ils ont gagné les faubourgs de Paris, ces hommes tout juste sortis de l'adolescence n'ont écouté que l'ardeur de leur jeunesse et la vaillance de leur cœur. La victoire était proche, l'heure du soulèvement avait sonné mais on ne résiste pas aussi facilement à l'ennemi, surtout quand celui-ci se sent acculé et qu'il a décidé de pratiquer la politique de la terre brûlée. Fernand, Marcel, René et tous leurs compagnons recherchaient des armes pour préparer l'insurrection. Ils ont rencontré celui qu'ils croyaient être un agent de la Résistance. L'homme avait infiltré leur réseau et travaillait pour le contre-espionnage allemand. Il les a trahis, les a donnés sans états d'âme. Tout est allé si vite ce matin du 16 août 1944. Quand ils se sont rassemblés place des Ternes dans l'insolence de leur bravoure, ils ne portaient pas d'armes et le piège s'est refermé sur eux. Des soldats SS les ont aussitôt encerclés. On les a conduits au siège de la Gestapo, on les a interrogés, on les a torturés et puis, vers 22 heures, ils ont été emmenés derrière l'étang du Réservoir, près de la Cascade, au fond du bois, à l'abri des regards. Trente-cinq jeunes alignés contre ce chêne, trente-cinq amoureux de la liberté abattus sans pitié, trente-cinq héros unis dans leur sacrifice.

Passant, le vieux chêne conserve sur son écorce les impacts des balles qui donnèrent la mort à ces jeunes gens. Relis la dernière lettre de Guy Môquet, ce jeune militant communiste fusillé lui aussi par les Allemands, le 22 octobre 1941. Il disait adieu à sa famille : « *Je vais mourir ! Ce que je vous demande, toi, en particulier ma petite maman, c'est d'être courageuse. Certes, j'aurais voulu vivre. Mais ce que je souhaite de tout mon cœur, c'est que ma mort serve à quelque chose. Dix-sept ans et demi, ma vie a été courte, je n'ai aucun regret, si ce n'est de vous quitter tous.* » Ces mots, Fernand, Marcel, René et tous leurs compagnons auraient pu les écrire. Pense à eux quand tu passes devant ce chêne, car ils sont les martyrs de ta liberté.

L'inspirateur de René Lalique

En 1920, René Lalique, fondateur de la marque éponyme, fait construire cette maison au cœur des Vosges, tout près de ses nouveaux ateliers de Wingen-sur-Moder.

René Lalique, en 1903, avec sa femme Augustine Alice Ledru qui lui donna deux enfants. Il a alors 43 ans et a révolutionné le monde de la joaillerie en créant des bijoux s'inspirant de la nature et du monde merveilleux des insectes.

Dans cette grande halle, ils sont une petite centaine à perpétuer les mêmes gestes mesurés dans une étrange chorégraphie. Tout s'organise sans bruit autour d'un gigantesque four dégageant une chaleur telle que les visages sont perlés de sueur. Certains soufflent dans du verre en fusion, d'autres transforment l'étrange matière obtenue, la découpent, la polissent à froid, avant de rendre la fragile pièce conforme à l'intention de son créateur. Dans les allées de l'atelier, les ouvriers saluent avec respect un homme vigoureux, aux allures de notable de la République, qui, chaque matin, vient les encourager, leur prodiguer quelques conseils et vérifier la qualité de ces flacons de parfum, de ces carafes en cristal, de ces élégants vases ornés de nymphes ou d'oiseaux, autant d'œuvres d'art sorties tout droit de son imagination. René Lalique a soixante ans, arbore une épaisse moustache, porte un invariable veston sous une redingote noire, et sa notoriété a depuis longtemps franchi les frontières françaises. Il est l'inventeur du bijou moderne, le roi de l'Art déco, le poète de la verrerie. Ses créations ornent les cous, les chevelures et les robes des femmes les plus élégantes ; la comédienne Sarah Bernhardt ne jure que par lui ; les joailliers les plus renommés, Boucheron ou Cartier, se disputent son savoir-faire.

Rien n'a changé depuis un siècle dans la manufacture Lalique, où plus de 200 ouvriers travaillent le verre, les bijoux et les arts de la table.

Mais notre homme n'aime pas se reposer sur ses lauriers. Il recherche de nouveaux défis, de nouvelles sources d'inspiration. Il quitte les ateliers et respire l'air des Vosges du Nord à pleins poumons. C'est ici, dans le village de Wingen-sur-Moder, que René Lalique vient d'installer, en 1921, sa nouvelle manufacture. En pleine nature, dans un grand parc protecteur, au beau milieu de massifs d'hortensias, de châtaigniers, de chênes, de bouleaux, de hêtres et d'épicéas. Au lendemain de la Première Guerre mondiale, son usine de Combs-la-Ville, proche de la capitale, ne pouvait plus répondre à une demande toujours plus importante. Il a choisi de partir plus à l'est, dans cette région qui possède une tradition verrière ancienne, sur cette terre recouverte d'un épais manteau de grès fournissant de la silice en abondance, indispensable matière première à son industrie, vers ces forêts procurant le combustible nécessaire. Il sait aussi, en entrepreneur avisé, qu'il peut profiter des mesures incitatives du gouvernement soucieux de refaire de cette Alsace, restituée par les Allemands, une vitrine de la France. René Lalique regagne maintenant la demeure à colombages qu'il a fait construire pour abriter les siens, juste en face des ateliers. Il rejoint le bureau qu'il s'est fait aménager. Une grande table à dessin, couverte de crayons, de papiers, d'ébauches, d'aquarelles et de croquis, est dressée face à une majestueuse porte-fenêtre. Il s'installe à son tabouret de travail, écarte délicatement les rideaux pour faire entrer la lumière et regarde longuement le jeune cèdre du Liban qui se dresse face à lui, observant les branches jouant avec le vent, les aiguilles réunies en rosettes sur des rameaux courts. Le maître verrier n'a pas choisi cet emplacement au hasard. C'est la nature qui nourrit sa créativité, et il ne veut, il ne peut désormais travailler sans que ce cèdre borne son champ de vision. Il le contemple encore et toujours, et il se souvient.

Le fameux vase « Bacchantes », et son moule, imaginé par René Lalique, reste un fleuron de la marque, tout comme ces sculptures en verre qui célèbrent la beauté des femmes.

Il se revoit dans cette campagne champenoise où il est né, quand il flânait enfant le long des berges de la Marne en compagnie de son grand-père viticulteur. Il adorait passer ses journées le nez dans l'herbe à suivre les efforts d'un scarabée, les battements d'ailes d'une libellule, le butinage d'une abeille sur une fleur aquatique, l'envol d'un oiseau. Et, quand il rentrait chez lui, il se précipitait dans sa chambre pour dessiner les figures exaltantes de ce paradis terrestre. Ce sont ces végétaux, ces insectes, ces créatures des eaux et des champs qui, par la suite, inspirèrent ce magicien de la Belle Époque. Avant lui, il y avait la pierre précieuse, le diamant, le saphir, le rubis ou l'émeraude. Désormais, ce sont des matériaux plus ordinaires comme le verre, la nacre ou la corne, alliés à ce bestiaire fantastique issu de son imagination, qui feront la valeur d'un bijou. La femme, selon Lalique, porte des serpents d'or dans les cheveux, des guêpes piquées de diamants sur la poitrine, des ronces colorées sur ses dentelles. Il a une autre conception de la beauté et du luxe, moins ostentatoire, plus poétique, et c'est un succès. Pourtant, dans cette période de l'après-guerre, les bijoux très colorés ne sont plus dans l'air du temps. René Lalique cherche de nouvelles inspirations et s'intéresse depuis peu à ce monde qui change, à ces Années folles qui veulent tourner au plus vite cette page sombre d'un conflit meurtrier pour plus d'insouciance et de joie de vivre. Il doit s'adapter à son époque. On veut du rêve, il va en donner. Il regarde encore ce jeune cèdre vigoureux qui s'élance vers le ciel, ferme les yeux et imagine un univers peuplé de sirènes, de nymphes et de naïades. Le déclic. Il se penche sur sa table et croque sur le papier, à la hâte, dix femmes nues, dix prêtresses de Bacchus, le dieu du vin, s'enroulant autour d'un vase. Il signe son dessin, qu'il nomme « Bacchantes ». Puis il se remet au travail, dessine des flacons de parfum, des portes en verre sculptées de déesses ailées, des verres d'un nouveau genre. Il est insatiable, il veut révolutionner à la fois les arts de la table et la décoration intérieure, il a retrouvé une nouvelle jeunesse. La nature, une fois de plus, a ressourcé son génie.

René Lalique aura travaillé jusqu'au dernier jour de son existence, jusqu'à ce 1er mai 1945. Et les joyaux qu'il a créés continuent de perdurer. De nos jours, 500 000 pièces sortent chaque année des ateliers Lalique de Wingen-sur-Moder, des carafes, des flacons, des coupes en cristal transparent ou coloré, mais aussi des pièces iconiques comme le fameux vase « Bacchantes », l'une des fiertés de la maison. Quant au jeune cèdre, il a pris cent ans de plus, surplombe avec majesté le parc, et symbolise à jamais le génie renouvelé du vieux maître verrier.

Il est insatiable, il veut révolutionner
à la fois les arts de la table
et la décoration intérieure, il a retrouvé
une nouvelle jeunesse. La nature,
une fois de plus, a ressourcé son génie.

Le sombre platane d'Albert Camus

C'est sur cet arbre de la nationale 5, dans le département de l'Yonne, que s'écrasa le 4 janvier 1960 la voiture d'Albert Camus, conduite par son ami Michel Gallimard. Les deux hommes n'y ont pas survécu.

À 47 ans, Albert Camus venait d'achever son manuscrit. Tué sur le coup près de Villeblevin, dans l'Yonne, son corps fut déposé dans la mairie du village pour une dernière veillée funèbre.

Monsieur Camus, à dans huit jours ! », s'exclame en toussant Suzanne Ginoux, la fidèle gouvernante de l'écrivain. « Je fuis votre grippe », lui réplique-t-il dans un sourire en s'engouffrant dans la Facel Vega, cette puissante voiture de sport qui deviendra son tombeau.

En ce début d'année 1960, Albert Camus est un homme heureux et fourmille de projets. Il met la dernière main à son nouveau roman autobiographique, *Le Premier Homme*, qui doit parachever tous ses questionnements sur ses origines, sur sa mère et sur son Algérie natale en proie à la guerre d'indépendance. Il doit aussi rencontrer prochainement André Malraux : le ministre de la Culture souhaiterait lui remettre les clés d'un grand théâtre public parisien, l'Athénée ou le Récamier. Et puis, surtout, il vient de passer quelques jours de bonheur auprès des siens, dans sa propriété de Lourmarin, acquise deux ans plus tôt avec l'argent du prix Nobel de littérature. Il aime cette bastide du Luberon, où vit, non loin, son ami le poète René Char : le climat, la végétation, les chemins de pierre, tout lui rappelle ici la terre de son enfance.

Il vient de passer une parenthèse de bien-être, de douceur, loin des tumultes de cette guerre d'Algérie qui le ronge, loin des atermoiements du gouvernement gaulliste, des attentats du FLN, des actions vengeresses de l'OAS, loin aussi de ces joutes verbales avec son grand rival Jean-Paul Sartre qui animent le petit milieu intellectuel. Pour Noël, il était entouré de sa femme Francine et de ses jumeaux de quatorze ans, Catherine et Jean. On a réveillonné dans la joie familiale, on a échangé des cadeaux, on a goûté pas moins de douze desserts… Et puis leurs amis les Gallimard les ont rejoints pour la Saint-Sylvestre. Michel, qui dirige La Pléiade, est arrivé au volant de son nouveau bolide, une Facel Vega, avec son épouse Janine, leur fille Anne et le chien Floc.

Il vient de passer quelques jours de bonheur auprès des siens, dans sa propriété de Lourmarin, acquise deux ans plus tôt avec l'argent du prix Nobel de littérature.

Le retour vers la capitale est prévu pour le 2 janvier. Les billets de train sont prêts, les valises bouclées. Mais au dernier moment, l'auteur de *La Peste* se ravise. Il fera finalement le voyage avec les Gallimard pour profiter des sensations d'une vitesse encore non réglementée. Ses proches gagnent donc, seuls, la gare d'Avignon. Dernier au revoir à la servante grippée, dernier regard à la propriété de Lourmarin, dernier voyage.

Dans l'automobile lancée, avec ses 355 chevaux, sur la nationale 7, l'humeur est au beau fixe, les discussions sont animées. Première halte à Orange, pour le déjeuner, avant de remonter sur la Bourgogne. Il fait froid, les premières brumes apparaissent sur la Saône, et la nuit tombe vite en ces jours d'hiver. La joyeuse équipée décide de faire halte à Thoissey, dans l'Ain, au Chapon fin, un deux-étoiles au Michelin. La petite Anne est aux anges : on célèbre ses dix-huit ans.

Au matin du 4 janvier, les amis souhaitent rentrer sur Paris en début d'après-midi, alors pas question de s'attarder à Sens lors de la pause déjeuner à l'hôtel de La Poste. Michel Gallimard est au volant, Camus est assis sur le siège passager, sans ceinture de sécurité, les deux femmes sont à l'arrière. Le temps est clair, la voiture remonte la nationale 5, vient de passer Champigny-sur-Yonne et arrive au lieu-dit Villeblevin, sur une longue ligne droite bordée de platanes. La Facel Vega quitte soudain la route, frappe de plein fouet un premier arbre et rebondit treize mètres plus loin, sur un second platane, autour duquel elle s'enroule dans un fracas de tôle. Camus est projeté à travers le pare-brise et meurt sur le coup, à quarante-six ans. Son ami décédera quelques jours plus tard, les deux femmes sont indemnes, on ne retrouvera jamais le chien Floc.

Absurde fin pour un homme révolté. Autour du platane maudit, on retrouvera dans la sacoche de l'écrivain les 144 feuillets du *Premier Homme* et un horoscope qu'il avait découpé et sur lequel on pouvait lire : « L'œuvre donnant l'immortalité se situe entre 1960 et 1965. » Sinistre mais heureux présage pour celui qui, désormais, repose au Panthéon de la littérature.

L'arbre à palabres de Mandela

Avant de faire son entrée au collège, Nelson Mandela passa toute son enfance dans le village de Qunu. C'est là qu'il apprit les grands préceptes de la vie et l'art de commander.

Le 11 février 1990, à 16h14, le voilà qui apparaît, franchissant calmement les barbelés entourant la prison Victor-Verster, au nord-est du Cap. Le monde entier découvre un vieil homme de soixante et onze ans au sourire éclatant, le visage strié de rides profondes. Il porte un costume gris-bleu élégant et, sur les épaules, tous les espoirs d'un peuple asservi par le joug écrasant de l'apartheid, ce racisme d'État en vigueur en Afrique du Sud depuis un demi-siècle. Après vingt-sept ans d'incarcération, condamné pour complot visant à renverser le régime, il lève enfin le poing, sous les vivats d'une foule qui scande son nom clanique de « Madiba », et savoure ses premiers instants de liberté. Il avance à petits pas, fragile comme un cristal, et aperçoit un petit enfant blanc. Il le prend dans ses bras, le serre contre son cœur. Un geste de grâce et de pardon. Le révolutionnaire est devenu un homme de paix, le chantre de la réconciliation.

Réapprendre à vivre à ciel ouvert. Mais retrouver, dans un premier temps, la terre de sa jeunesse. À peine sorti de captivité, Mandela file rejoindre son pays natal, le village de Qunu où il fut élevé, là où il passa, selon ses dires, les « années les plus heureuses de sa vie ». Collines verdoyantes à perte de vue, petites maisons rondes vertes ou violettes avec leur toit pointu, quand il y parvient, rien n'a changé. Aucun Blanc ne vit dans cette province pauvre et sans électricité du Transkei, où l'on fait claquer avec sa langue les sons gutturaux. L'intransigeant combattant de la liberté, noyé dans la foule de ses partisans, se fraie difficilement un passage, reconnaît des visages familiers de son enfance, et s'arrête devant l'immense eucalyptus qui trône devant la demeure royale de l'ethnie des Xhosa, son ethnie. « Lui seul sait qui je suis, et d'où je viens », murmure-t-il à ses proches en contemplant les ramures du gommier. Et il se souvient.

À peine sorti de captivité,
Mandela file rejoindre son pays natal,
le village de Qunu où il fut élevé,
là où il passa, selon ses dires, les
« années les plus heureuses de sa vie ».

À sa naissance, ce fils de roi se prénomme Rolihlahla, « Celui qui crée des problèmes ». Contraint à l'exil par les autorités blanches, son père emmène sa famille ici même, à Qunu, avant de mourir d'une infection pulmonaire. Orphelin à neuf ans, le jeune Mandela est confié à un oncle, le chef Jongintaba, qui le considère comme son enfant, devenant le tuteur attentif de son éducation. À la mission protestante de Clarkebury, Rolihlahla devient Nelson en hommage à l'amiral britannique. Dans le veld, le petit garçon est berger, apprend à tuer des oiseaux avec une fronde, fait la récolte du miel sauvage, boit du lait chaud directement au pis de la vache, nage dans les ruisseaux clairs. Une vie entre insouciance et tradition. Mais à la cour royale, il apprend tous les rudiments de la vie. Quand la chaleur se fait trop oppressante, tous s'assoient sous l'immense eucalyptus. Le jeune Nelson prend goût aux joutes politiques, écoute palabrer les anciens et observe Jongintaba dans son métier de roi. Une véritable leçon de sagesse, comme il l'écrira plus tard : « Tous ceux qui voulaient parler le faisaient. C'était la démocratie sous sa forme la plus pure. Il pouvait y avoir des différences hiérarchiques entre ceux qui parlaient, mais chacun était écouté, chef et sujet, guerrier et sorcier, boutiquier et agriculteur. On parlait sans être interrompu, et le roi tranchait ensuite dans le sens du plus grand nombre. »

Mandela avait besoin de revenir à Qunu, de retrouver l'arbre à palabres, le confident de ces longues réunions de liberté et de justice. De lui, il tire sa force pour incarner l'espoir de son peuple, dans l'aspiration à une vie meilleure. « Personne ne naît en haïssant une autre personne à cause de la couleur de sa peau, ou de son passé, ou de sa religion, aime rappeler ce militant de la dignité. Si les hommes peuvent apprendre à haïr, on peut leur enseigner aussi à aimer. » Mandela sait que son combat est juste. Dix-huit mois plus tard, le 30 juin 1991, il signera avec les autorités la fin de l'apartheid avant de prendre, en 1995, la présidence de l'Afrique du Sud. Quand il meurt, en 2013, son corps est inhumé à Qunu, tout près de cet eucalyptus où il apprit les préceptes si fragiles de la démocratie.

Le 11 février 1990, après 27 ans d'incarcération, Nelson Mandela, levant le poing de la victoire, est libéré de la prison Victor-Verster. Il sera inhumé en 2013 à Qunu, dans le village de son enfance.

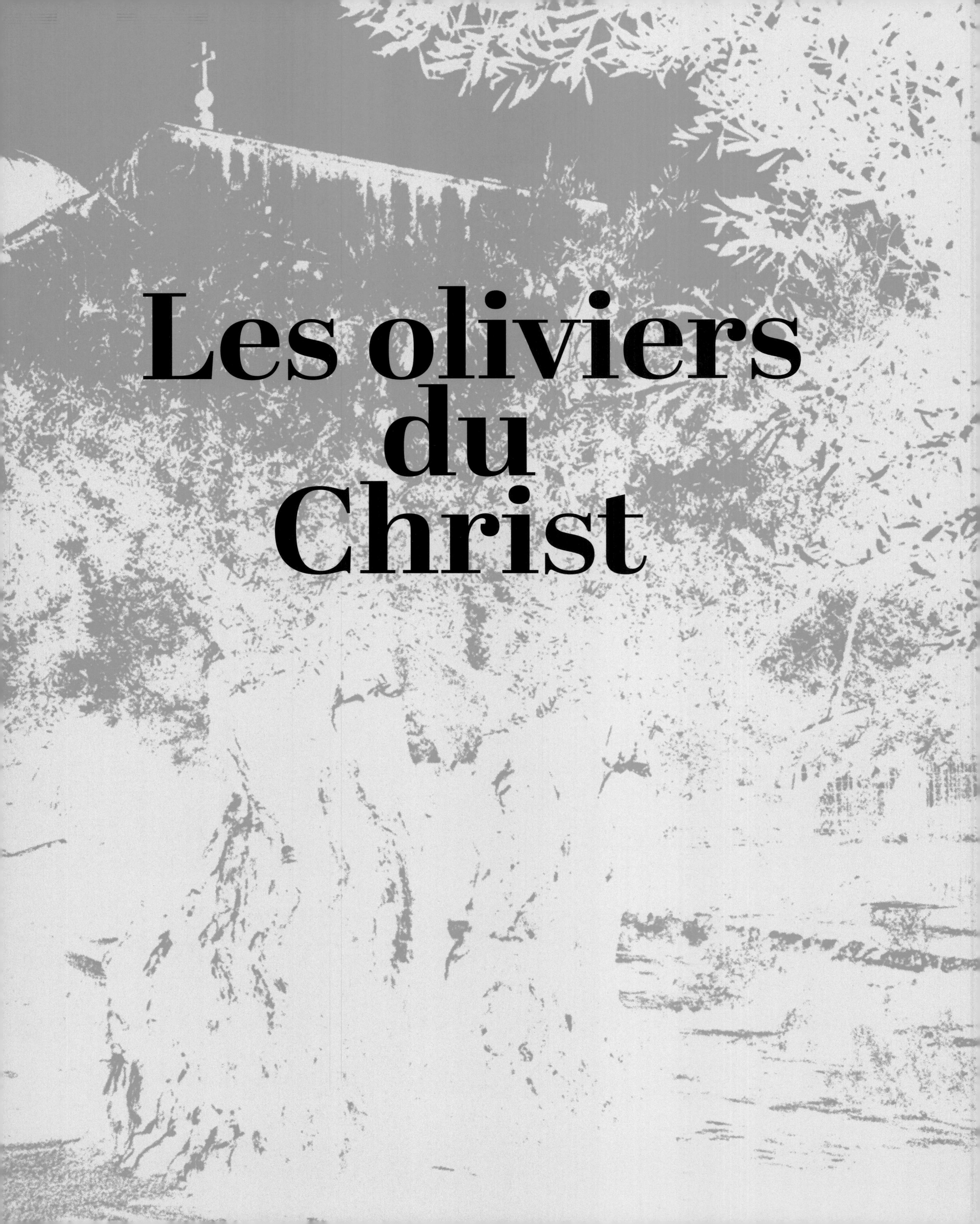

Les oliviers du Christ

Gethsémani, un jardin situé au pied du mont des Oliviers, un peu à l'écart de Jérusalem. C'est là que Jésus, dénoncé par Judas, fut arrêté, comme le montre cette fresque de Fra Angelico (1400-1455).

Le Christ en prière, sur le mont des Oliviers, par Hans Burgkmair (1505), page ci-contre.

Ils ont le tronc noueux, le bois dur et dense, l'écorce brune crevassée, ils puisent la vie dans un sol raviné et rocailleux, ils se tiennent avec fierté en haut de Gethsémani, sur cette colline à l'écart de Jérusalem qui porte leur nom, le mont des Oliviers. Ils ont plus de deux mille ans, et sont célébrés comme des dieux car ils l'ont accueilli, Lui, il y a si longtemps.

Lui, cette nuit-là, sa dernière d'homme libre, vient de franchir le torrent du Cédron, et gagne avec ses disciples ce petit jardin où il aime tant se reposer avec ses amis, à l'ombre des oliviers : un lieu de repas, mais surtout d'échanges spirituels et de communion avec le Très-Haut. Ce soir-là, pourtant, « vêtu de blanc ainsi qu'un mort de son linceul, triste jusqu'à la mort, l'œil sombre et ténébreux, le front baissé », c'est un tout autre moment qui l'attend. Il se retourne vers Pierre, vers Jacques, vers Jean : « Restez ici, pendant que je m'en vais là-bas pour prier. » Commence dès lors une nuit de souffrance et de lutte contre ses propres démons, ce que l'on appellera l'agonie morale du Christ, le plus dur combat qu'il devait mener.

Il est comme paralysé devant le châtiment à venir. Satan, en tenue de pharisien, le nargue par des rires infernaux et des visions horribles. Jésus en est effrayé. Tout tremblant et chancelant, il hurle le nom de Dieu. Il crie vers lui et lui demande la force de ne pas succomber à la tentation de se soustraire. Cette nuit-là, il accepte d'endosser tous les péchés du monde et de devenir l'unique victime expiatoire.

Jésus revient une première fois vers ses compagnons endormis, s'éloigne à nouveau pour retourner à ses prières dans le silence de la nuit et s'adresse enfin à ses disciples, allongés dans l'obscurité, dans ce décor funèbre d'une nature sauvage : « Désormais, vous pouvez vous reposer. C'est fait ; voici que le Fils de l'homme est livré aux pécheurs ; voici qu'il est proche, celui qui me livre. »

Il sait que son heure est venue, l'heure de la Croix, l'heure du supplice, l'heure de la rédemption. Alors peu importe la trahison de Judas, son ami. Dans le vent des oliviers, celui-ci l'embrasse. Le signal pour que les gardes du Sanhédrin, armés d'épées et de bâtons, se jettent sur lui. Jésus est arrêté et comparaît devant Ponce Pilate, préfet de Judée. Un procès vite expédié, suivi de la crucifixion, quelques heures plus tard, entre deux larrons, un brigand méprisant et un criminel repenti.

Les vénérables oliviers ont continué de résister aux assauts de la foi, à l'interminable bataille des religions qui s'est jouée, un peu plus bas, dans la vieille ville de Jérusalem. Ils ont vu les croisés s'emparer du Saint-Sépulcre, ils ont vu Baudouin Ier proclamer sur cette Terre sainte un éphémère royaume chrétien, ils ont vu les armées de Saladin reprendre la Coupole du Rocher, ils ont vu les troupes turques piller les sanctuaires, ils ont vu les soldats de Tsahal libérer le mur des Lamentations. Ils pensent sans doute qu'avec le temps, ils restent forts par leur éternité. Leurs rameaux, qui refleurissent chaque année dans une perpétuelle jeunesse, ne sont-ils pas devenus le symbole de la paix ?

Ils ont plus de deux mille ans, et sont célébrés comme des dieux car ils l'ont accueilli, Lui, il y a si longtemps.

Il a vu tomber John Lennon

DAILY Mirror

SPECIAL ISSUE

Wednesday, December 10, 1980 12p

JOHN LENNON shot dead in New York Dec 8 1980

DEATH OF A HERO

MURDERED SUPERSTAR: One of the last pictures of ex-Beatle John Lennon, taken in New York three weeks ago.

La une du quotidien britannique *Daily Mirror* au lendemain de l'assassinat de l'ex-Beatle, le 8 décembre 1980.

L'arbre écoute, l'arbre regarde.
Pas un jour sans qu'une fleur
ne soit déposée à son pied. Pas un jour
sans que ne retentisse « Imagine »...

CENTRAL PARK
WEST
Central Park West

Le jour de sa mort, John Lennon réalise une série de clichés avec la célèbre photographe Annie Leibovitz pour le magazine *Rolling Stone*.

Ces deux-là, cet arbre, ancré dans le béton des abords de Central Park, n'aurait jamais dû les réunir. Un matin froid à New York, au pied du Dakota Building, au coin de la 72e Rue. Le 8 décembre 1980. L'un est fou de *L'Attrape-cœurs* de Salinger, de la Bible et de tous les albums des Beatles. L'autre proclame la paix et l'amour dans des mélodies de génie qui allient tendresse et révolte. Mark Chapman est un jeune fan aigri. John Lennon, le kid d'un Liverpool ouvrier devenu plus célèbre que Jésus-Christ.

Et Chapman de haïr celui qu'il avait autrefois adulé. Parce que Lennon existait, Chapman ne pouvait exister. Dans le silence de l'inexistence, son visage, avec le temps, blêmissait d'envie. La jalousie et la haine mènent à tout, même au crime. Chapman accuse son idole d'avoir trahi ses idéaux de fraternité, d'être devenu trop riche, de s'être embourgeoisé. Il souhaite que le geste ultime devienne esthétique : un calibre .38 dans une main et *L'Attrape-cœurs* dans l'autre, il passe devant cet arbre nu comme l'hiver, traverse la rue, et se poste devant l'immeuble où réside Lennon, où des fans attendent dans le froid. John est dans son appartement, avec sa compagne Yoko Ono. Ils posent nus devant l'objectif de la célèbre photographe Annie Leibovitz. Une série de clichés pour le magazine *Rolling Stone*. Les dernières photos du bonheur.

Et puis, ce nœud à l'estomac, ce froid dans le dos, ces jambes qui ne vous portent plus. Chapman a croisé le regard de John, John l'a regardé. La main du fan a tremblé, et de sa gorge est juste sorti timidement : « Un autographe, John, un autographe. » « Bien sûr », a répondu John. Chapman a tendu son exemplaire de *Double Fantasy*, le dernier album de la star. Et John a signé. Puis il a levé la tête, il a regardé Mark et lui a demandé : « C'est tout ce que tu veux ? » Mark s'est senti petit, tout petit, une fois de plus : « Oui, merci. » Et John est monté dans sa limousine, s'est évanoui dans le vacarme new-yorkais pour rejoindre les studios d'enregistrement et peaufiner son dernier morceau, « Walking on Thin Ice ».

Mark s'est ressaisi. Il attendra le retour de l'idole. L'attente devient pulsion. Détruire l'autre pour devenir soi. Une puissance de mort pour transcender sa propre vie. John veut repasser à son appartement pour souhaiter une bonne nuit à son fils Sean, âgé de cinq ans. Il est 22h52. Au carrefour de la haine et de la jouissance suprême, toujours au pied de Dakota Building, Chapman sort de l'ombre, son revolver à la main. Lennon s'extirpe de sa limousine, un paparazzi le mitraille. Passage à l'acte. Cinq coups de feu sont tirés. La première balle passe au-dessus de la tête du chanteur. Les deux suivantes l'atteignent dans le dos. Les deux dernières frappent son épaule. Touché au poumon et tout près du cœur, il vacille, réussit à gagner le vestibule et s'écroule dans les bras du portier. Quelques minutes plus tard, les Télex retentissent : John Lennon est mort, à quarante ans, tué en bas de chez lui par un obscur inconnu qui voulait devenir célèbre.

L'arbre écoute, l'arbre regarde. Pas un jour sans qu'une fleur ne soit déposée à son pied. Pas un jour sans que ne retentisse « Imagine » : « *You may say I'm a dreamer, but I'm not the only one.* » (Vous pouvez dire que je suis un rêveur, mais je ne suis pas le seul.)

Le mémorial Strawberry Fields, en hommage à l'interprète d'« Imagine », dans Central Park, à New York.

Le refuge de Robin des bois

Légende ou réalité ?
Le personnage de Robin des bois continue, depuis le Moyen Âge, d'incarner le bandit au grand cœur qui prend aux riches pour donner aux pauvres.

Je suis le major Oak, une merveille des Midlands, un chêne millénaire planté au cœur de la campagne anglaise, dans le Nottinghamshire. Je suis le seigneur de la forêt de Sherwood et on vient de tous les comtés du royaume, comme en pèlerinage, pour me photographier, pour me toucher avec respect, pour glorifier la plus belle épopée de tous les temps. Je suis ce végétal qui continue de perpétuer la légende de Robin des bois, ce bandit au grand cœur qui détroussait les nantis pour redistribuer aux pauvres. C'est moi qui servais de point de ralliement à ses joyeux compagnons avant qu'ils ne partent tous accomplir leurs « méfaits », c'est dans mon tronc creux et large que Robin venait se cacher quand les hommes en armes ratissaient les bois à sa recherche, c'est depuis les hauteurs de mes branches lourdes et massives qu'il observait les alentours annonciateurs d'un danger imminent. On chanta ses aventures dans les ballades médiévales et les premières chansons de geste, on le célébra dans des contes enfantins, on le popularisa dans les romans de Walter Scott et Thomas Love Peacock, il fut immortalisé par le cinéma hollywoodien sous les traits d'Errol Flynn, de Douglas Fairbanks, de Russell Crowe, ou de Kevin Costner. On le loue, on l'admire, on rêve depuis toujours de lui ressembler car qui, mieux que lui, incarne le dernier rempart de la loyauté et de la bonté contre l'absolutisme et la lâcheté ? Certains prétendent que mon bon Robin n'a jamais existé, que son nom et ses exploits sont pures balivernes, juste un moyen efficace pour endormir les enfants rêvant de gloire et d'honneur. Mais ne comptez pas sur moi pour vous dire la vérité, et jugez par vous-même.

Les forêts, derniers lieux sauvages et impénétrables, ont toujours servi de refuge aux laissés-pour-compte, aux hommes en lutte contre l'ordre établi. Je sais que des résistants courageux s'abritèrent dans les maquis du Vercors pour combattre la soldatesque nazie, je sais que les plus démunis, par honte ou par nécessité, investissent les bois de nos cités pour rester à l'abri du regard des autres, je sais que nombre de proscrits tentent d'échapper à

Les forêts, derniers lieux sauvages et impénétrables, ont toujours servi de refuge aux laissés-pour-compte, aux hommes en lutte contre l'ordre établi.

la justice en se cachant dans l'épaisseur des feuillus, je sais que certains refusent le monde moderne et préfèrent retrouver le bonheur simple d'un éveil avec la nature. J'ai connu les temps lointains du monde médiéval, une époque où la violence et la cruauté étaient monnaie courante. Les cadavres des condamnés étaient alors exposés sur des gibets à la croisée des chemins, les têtes des traîtres suspendues aux portes des villes, et il ne fallait pas s'attarder à la tombée de la nuit sous peine d'être rançonné. Les princes levaient régulièrement des impôts pour la guerre, la féodalité imposait de payer un tribut aux seigneurs locaux, et nul ne prenait le risque de s'insurger, au risque de voir sa maison incendiée et ses biens confisqués. Robin, lui, n'a jamais supporté l'injustice, et son nom comme sa réputation ne sont pas le fruit d'une imagination romanesque. Dans un très officiel parchemin judiciaire, on mentionne pour la première fois, en 1228, l'existence d'un certain Robinhood, jeté en prison pour le non-paiement d'une amende. Le malin parvint à s'évader et vécut en rebelle itinérant dans les forêts du Yorkshire et du Nottinghamshire. Et qui saurait oserait affirmer que le gentilhomme Robin de Loxley n'exista pas ? On prétend qu'il sévissait dans les années 1190. Archer du roi Richard Cœur de Lion, parti d'Angleterre pour participer à la troisième croisade, il était resté fidèle à son souverain, s'opposant au pouvoir usurpé du prince Jean sans Terre et de son perfide sbire, le shérif de Nottingham. Oui, Robin fut un hors-la-loi, oui, Robin volait les riches, les nobles et les évêques, oui, Robin n'hésitait pas à tuer quiconque voulait le prendre, oui, Robin avait trouvé refuge dans la forêt de Sherwood. Mais Robin affrontait un système corrompu et se battait par idéal contre les exactions des puissants. Il incarnait le mythe de la bravoure, l'esprit de rébellion, et parvint à fédérer des paysans, des artisans, des apprentis, tout un petit peuple qui se leva pour ne plus subir. Est-ce parmi eux qu'il compta ses plus fidèles comparses ? Comme le frère Tuck, ce moine dévoyé ? Comme la belle lady Marianne, compagne romantique du rebelle ? Ont-ils vraiment existé ? Les vies légendaires renferment toujours une part de mystère…

Ne comptez toujours pas sur moi pour vous dire la vérité sur Robin des bois. Je suis comme tous les arbres, j'aime rester silencieux. Je sais seulement qu'il a construit ma légende. Sans lui, je ne serais rien. Sans lui, on ne me prêterait pas un regard. Sans lui, je serais mort depuis bien longtemps, car seul un système complexe d'échafaudages permet aujourd'hui d'éviter à mes branchages de s'effondrer. Sans lui, jamais la reine d'Angleterre ne m'aurait honoré, elle qui m'a fait inscrire au Patrimoine national britannique. Alors laissez-moi faire planer le doute sur cette fiction si réelle. Pour rester le seigneur de la forêt de Sherwood.

Errol Flynn, inoubliable interprète des *Aventures de Robin des bois* en 1938.

Carte du comté de Nottinghamshire, datant de 1613. La région, au cœur des Midlands d'Angleterre, abrite la forêt de Sherwood.

L'espoir d'Anne Frank

Cette jeune adolescente juive est entrée dans l'Histoire pour avoir laissé un émouvant journal intime, qu'elle écrivit entre 1942 et 1944 dans une mansarde d'Amsterdam, fuyant les persécutions nazies.

Avant de vivre cachée, avant d'être déportée, en 1944, à Bergen-Belsen où elle mourut à quinze ans, la petite Anne vécut une enfance heureuse à Amsterdam, entre ses amis (à droite, à l'âge de six ans) et une famille unie (ci-dessous, avec son père Otto et sa mère Edith).

Chaque printemps, il continue de fleurir sur le Prinsengracht, au bord du canal. C'est le marronnier le plus célèbre d'Amsterdam. Une notoriété qui tient à un regard. Celui d'une adolescente que la vue et la présence de cet arbre ont aidée à vivre.

Elle s'appelle Anne Frank. Avec sa famille, dans les années 1930, elle fuit sa ville natale de Francfort et les lois antisémites de l'Allemagne nazie pour se réfugier aux Pays-Bas. Hélas ! Ceux auxquels ils ont échappé viennent les poursuivre jusque-là en occupant le pays à partir de 1940. En 1942, la jeune fille a treize ans. Deux ans durant, elle se cache avec les siens dans une annexe camouflée de l'immeuble abritant les bureaux de son père, derrière les rayonnages d'une bibliothèque. Deux ans durant, ils y restent confinés, les fenêtres obscurcies. Deux ans durant, Anne tient un journal de ses heures interminables et cloîtrées. Dans un petit cahier rouge à carreaux que ses parents lui ont offert, elle consigne sa foi face au désespoir et oublie le malheur dans la rage de l'écriture et la douceur des mots : « Je vois le monde se transformer lentement en désert ; j'entends le tonnerre qui approche et qui, un jour, nous détruira aussi. Je ressens la souffrance de millions de personnes. Et pourtant, quand je regarde le ciel, j'ai l'impression que tout va changer pour le mieux, que cette cruauté aussi va cesser. »

Sa chambre surplombe un jardin. Lorsqu'elle lève la tête de la table sur laquelle repose son cahier, de sa fenêtre, elle le voit. C'est son oxygène et sa lumière. L'écho du dehors, la vie qui s'immisce, l'espoir qui renaît : « Nous avons regardé le bleu magnifique du ciel, le marronnier dénudé aux branches duquel

C'est le marronnier le plus célèbre d'Amsterdam. Une notoriété qui tient à un regard. Celui d'une adolescente que la vue et la présence de cet arbre ont aidée à vivre.

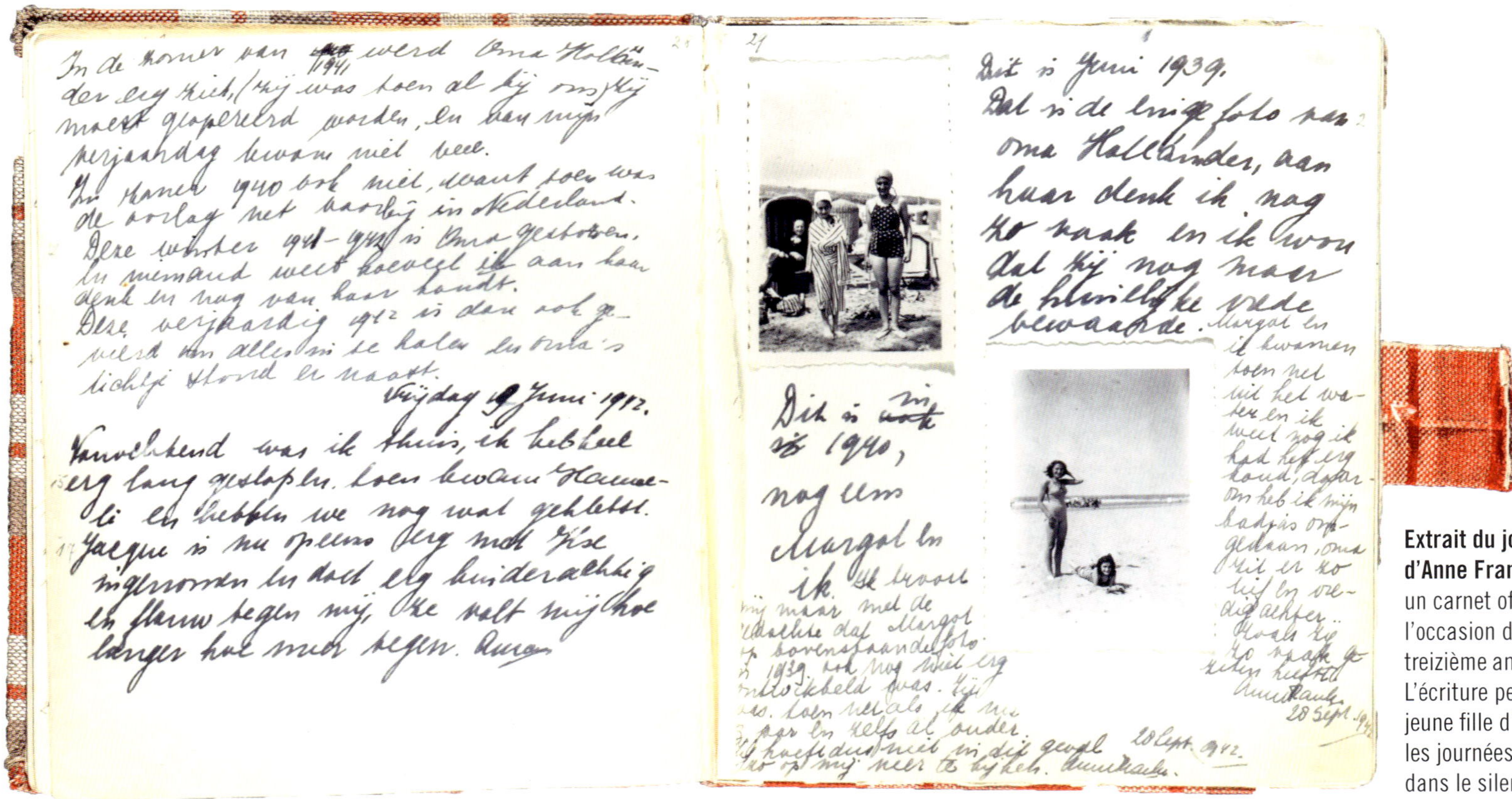

Extrait du journal d'Anne Frank, dans un carnet offert à l'occasion de son treizième anniversaire. L'écriture permit à la jeune fille d'oublier les journées passées dans le silence.

scintillaient de petites gouttes, les mouettes et d'autres oiseaux, qui semblaient d'argent dans le soleil, et tout cela nous émouvait et nous saisissait à tel point que nous ne pouvions plus parler. Je crois fermement qu'au milieu de toute la détresse, la nature peut effacer bien des tourments. »

Elle le voit évoluer avec les saisons, ce symbole de vie, de force, de liberté. Grâce à lui, Anne se bat, refuse de baisser les bras, et continue de croire, malgré la peur des bombardements, la peur de l'occupant, et celle surtout d'être dénoncée à tout moment. Surtout, ne pas faire de bruit. Surtout, ne pas sortir dans la rue. Surtout, continuer d'écrire, et ouvrir les yeux pour entrevoir son ami libre : « Notre marronnier est totalement en fleur, écrit-elle le 13 mai 1944 ; de haut en bas, il est bourré de feuilles et beaucoup plus beau que l'an dernier. »

A-t-elle eu le temps de le regarder une dernière fois, à l'aube du 4 août 1944 ? Ce matin-là, trahie par un voisin, Anne est déportée avec sa famille. Elle décédera du typhus dans le camp de Bergen-Belsen, au mois de mars 1945.

Un matin d'août 2010, le marronnier d'Amsterdam s'est brisé sous la force du vent et de la pluie. On le savait malade, rongé par la honte peut-être. On pressentait sa fin et on avait pris soin de lui prélever quelques boutures pour le faire renaître ailleurs, à Lyon, à Montréal, à Washington ou dans le petit village corse de Pianello, pour que chacun puisse y puiser le courage et le pardon. Un symbole ne meurt jamais, et l'arbre continue de traverser l'épreuve du temps, imprégné du souvenir d'une enfant qui voulait juste vivre…

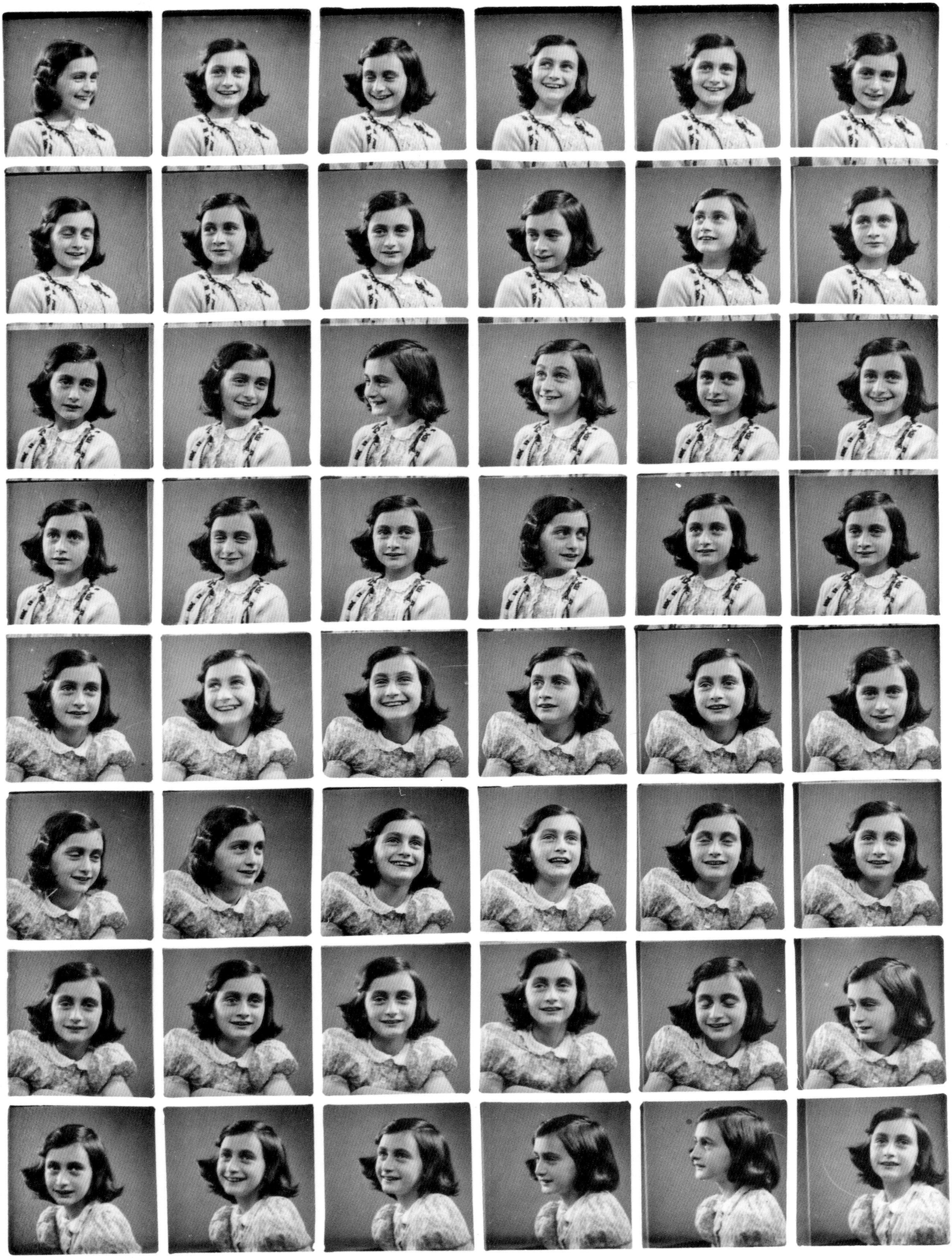

L’éveil de Bouddha

Fresque du temple de Yongju, dans la région de Suwon, en Corée du Sud, montrant Bouddha en méditation au pied de ce pipal devenu depuis l'arbre de la Bodhi, vénéré par des millions d'adeptes.

Il marche d'un pas lent mal assuré, le visage émacié, le corps décharné, les muscles rongés par tant d'années de privations, et songe à celui qu'il était encore il y a peu : un jeune homme respecté et craint, le fils du roi Suddhodana, un prince béni des dieux, élevé dans le luxe et la volupté. Il s'appelait alors Siddharta, et son peuple des Sakyas se prosternait sur son passage. Ses journées étaient vouées aux nourritures délicates, aux étoffes précieuses, aux fêtes rythmées par les chants. Il dirigerait cette contrée au pied de l'Himalaya et, dans l'enceinte de son palais, on l'avait initié à monter les chevaux les plus fougueux, au tir à l'arc, à la lutte, à la conduite des chars et des éléphants. Le monde lui était promis. Jusqu'à ce jour de ses vingt-neuf ans, quand il aperçut un vieillard au corps marqué par les poids des âges, puis un malade, puis un cadavre sur une route, enfin un moine errant ne subsistant que par la mendicité. Ce fut le choc de la souffrance et de la mort. Submergé par la compassion, il comprit combien était vaine sa destinée. Il lui fallait fuir, renoncer à ce bien-être factice, ce bonheur trompeur, pour trouver le chemin de la délivrance, de la plénitude. Il quitta les ors de sa demeure, son épouse et son nouveau-né, abandonna son nom, enveloppa son corps dans un simple pagne et partit sur les routes.

Siddharta était devenu Gautama, un vagabond à la recherche de la Vérité, plongé dans la méditation et traversant pieds nus le puissant royaume de Magadha. Près de l'actuelle Gaya, en compagnie de cinq autres moines, il décida de s'adonner à une ascèse extrême, persuadé que le corps et ses plaisirs étaient le principal obstacle à la réalisation spirituelle. Pratiquant la rétention du souffle, se nourrissant d'un seul grain de riz par jour, il passa ainsi six longues années dans l'austérité, perdant l'usage de ses forces, se transformant en une ombre famélique. Il allait mourir doucement sans même avoir trouvé la réponse qu'il cherchait. Alors, une fois de plus, il se résigna à trouver une nouvelle voie, celle du milieu, comprenant que « si la corde du sitar est trop tendue, alors elle casse ; si elle est trop détendue, elle ne produit aucun son. »

Le XVIe Dalaï-lama prie à l'ombre accueillante de l'arbre de la Bodhi, à Bodhgaya en Inde. On dit que tous les bouddhas du passé et du futur ont atteint ou atteindront l'Éveil ultime en ce lieu.

Il sait maintenant que mortifier son corps ne le mènera jamais à l'Éveil. Ses compagnons l'ont abandonné mais il continue de marcher, de lutter, titubant, s'effondrant parfois. Près de la rivière Niranjana, il accepte le riz offert par une jeune villageoise, recouvre ses forces, se rase, se baigne dans les eaux du fleuve puis se dirige vers un arbre majestueux à l'ombre duquel il s'assoit. C'est un pipal, un figuier aux racines aériennes, aux feuilles en forme de cœur, comme autant de porte-bonheur. Gautama est parvenu au bout de son chemin, bien décidé à rester ici, à ne pas bouger tant qu'il n'aura pas trouvé la voie du salut. Il se recueille alors, les jambes repliées, les mains posées dans son giron, dans cette position qui sera représentée sur des milliers de peintures et de sculptures. La nuit durant, il subit les assauts du mara Dévapoutra, dieu des Enfers et des passions. La nuit durant, il reste imperturbable aux hordes de démons qui lui jettent des lances, lui décochent des flèches, cherchent à le brûler par le feu. La nuit durant, il résiste à la tentation et maintient encore intacte sa concentration quand les mauvais esprits lui envoient les plus belles femmes comme autant d'offrandes. L'aube se lève enfin. Au pied du pipal, Siddharta Gautama a trouvé l'apaisement. Il est désormais l'Éveillé, le Bouddha, et consacrera le reste de son existence à enseigner les préceptes de la spiritualité. C'était cinq siècles avant la naissance du Christ.

Le pipal, deux fois millénaire, devenu l'arbre de la Bodhi, continue d'étaler ses larges ramures, au cœur de l'actuelle Bodhgaya, dans l'État indien du Bihar, non loin du Népal. Il ne se dresse plus sereinement au beau milieu de la campagne. Il est devenu pour les bouddhistes du monde entier le « nombril du monde », « le jardin suspendu », l'arbre de la pensée. Ils sont aujourd'hui des milliers de pèlerins à venir chaque jour pour en faire le tour, murmurant des mantras, égrenant des rosaires, louant ce prince qui sut s'affranchir des faux-semblants. À l'ombre du vieux figuier, ils espèrent, eux aussi, trouver la voie de la sagesse.

Au pied du pipal, Siddharta Gautama a trouvé l'apaisement. Il est désormais l'Éveillé, le Bouddha, et consacrera le reste de son existence à enseigner les préceptes de la spiritualité.

Le chêne du roi Arthur

Merlin l'Enchanteur et sa bien-aimée Viviane, deux personnages tirés de la légende du roi Arthur et des chevaliers de la Table ronde, qui hantent de leurs sortilèges la mythique forêt de Brocéliande, en Bretagne.

Quiconque souhaite y pénétrer est prévenu : « Brocéliande n'est pas une forêt comme les autres. On doit prendre le temps d'observer et d'écouter pour ressentir la magie des lieux. » Car ici, entre Ille-et-Vilaine et Morbihan, les bois de Paimpont, de son vrai nom sur les cartes géographiques, bruissent des légendes arthuriennes, des exploits de Gauvain, Perceval ou Lancelot, et restent hantés par les seigneurs et les fées, les sortilèges et les contes.

Alors, ne passez pas trop vite sous les futaies, attardez-vous dans ces dédales de branches et de rochers couverts de mousses et de lierre, vous y verrez des miroirs d'eau, un visage dessiné dans un tronc tordu, un korrigan s'échapper d'un sentier. Depuis le village de Folle-Pensée, qui porte bien son nom, on s'enfonce dans un bois de taillis en empruntant un chemin pierreux, on se frotte aux ronces traîtresses qui surprennent nos pas, avant de se glisser entre des résineux élancés formant une haie d'honneur indisciplinée. La fontaine de Barenton surgit au milieu d'un taillis clairsemé, un quadrilatère de pierres épaisses qui encadre une poche d'eau s'écoulant en un mince filet d'eau. L'endroit ne pouvait qu'aiguiser l'imagination. À commencer par celle de Chrétien de Troyes, qui en fit l'épicentre des aventures des chevaliers de la Table ronde. C'est là que se déroula le combat homérique entre Yvain, le seigneur au Lion, et le Chevalier noir, gardien de la fontaine. C'est là surtout que Merlin, l'enchanteur aux mille figures, éleva Viviane au rang de fée avant d'en devenir l'amant. Parmi d'autres pouvoirs, on raconte que verser de l'eau de Barenton sur le perron de la fontaine déclenche des orages apocalyptiques. Pas étonnant que des nuages capricieux, prêts à gronder, tournoient, menaçants, au-dessus de nos têtes.

À un jet de pierre, on gravit une petite colline parsemée de fougères géantes pour rejoindre un promontoire surplombant le val. Ce paysage sculpté dans le schiste rouge abrita la prison maléfique de Morgane, la demi-sœur du roi Arthur. Trompée par Guyomar, qu'elle découvrit dans les bras d'une autre femme, elle décida d'y emprisonner dans des souffrances éternelles tous les amants infidèles qui auraient le malheur de s'y aventurer. Seul le chevalier Lancelot, fidèle à la reine Guenièvre, put rompre l'enchantement et délivrer les malheureux. Plus loin, près de Concoret, est érigé le château de Comper. C'est au pied de cette bâtisse que Merlin construisit la demeure de cristal destinée à Viviane, et c'est sous les eaux du lac jouxtant la propriété qu'il l'enfouit pour la dissimuler aux yeux de tous. Merlin, toujours lui, reposerait près d'un site mégalithique bien connu des promeneurs. Point de sépulture visible cependant, mais la magie continue d'opérer et l'endroit suscite encore le recueillement, comme en témoignent ces mots exprimant espoirs et prières, accrochés au bout des branchages.

En quittant doucement la pénombre des sous-bois, on pourrait se croire à l'abri du mauvais sort. Ce serait oublier la présence de ce vénérable posté en lisière de la forêt, l'ancêtre majestueux des lieux, imposant immédiatement le respect, avec ses vingt mètres de haut, presque dix de circonférence. Le vieux chêne est le témoin imperturbable des dix siècles de son existence. Arthur et ses chevaliers avaient pour habitude de s'y arrêter, pour se reposer, pour se distraire, pour préparer leurs folles aventures. Il a le tronc noueux et torturé, comme pétrifié par son âge millénaire, et dans l'épaisse peau ridée de son écorce s'ouvre une caverne, sombre et discrète. C'est elle qui a donné à ce gardien du temps son nom moderne : le chêne à Guillotin, du nom de cet abbé, Pierre-Paul Guillotin, qui, refusant de prêter serment à la Constitution civile du clergé, pourchassé par les troupes de la Révolution, vint se réfugier à l'intérieur du vieil arbre creux. Lorsque les soldats de la Terreur passèrent tout près, une épaisse toile d'araignée en obstruait l'entrée. Il se dit que la Vierge Marie l'aurait elle-même tissée pour dissimuler l'accès aux poursuivants. Comme quoi, à Brocéliande, les mystères ont encore de beaux jours devant eux. Alors, restez encore un moment près du grand chêne, et laissez-vous porter une dernière fois. Cet arbre est le pilier des vieilles légendes. Fermez les yeux, et vous continuerez d'entendre la cavalcade des compagnons d'Arthur, le chant des fées et le rire grinçant des sorcières.

C'est là surtout que Merlin, l'enchanteur aux mille figures, éleva Viviane au rang de fée avant d'en devenir l'amant.

Le tilleul de Jeanne d'Arc

Née en Lorraine, à Domrémy, vers 1412, Jeanne n'est qu'une bergère adolescente quand elle entend la voix de l'archange saint Michel lui confiant la mission de délivrer le royaume de France des Anglais.

La petite troupe vient de dépasser le village de Saint-Sulpice-le-Dunois, aux marches du Berry. Quelques centaines d'hommes à pied, recouverts d'une cuirasse, enveloppés dans de lourds manteaux pour se protéger du froid en cette journée de février 1430. À leur tête, on reconnaît Jean de Brosse, seigneur de Boussac, fidèle lieutenant d'une femme dont la gloire et la légende ont galvanisé les cœurs de toutes les provinces de France. Jeanne d'Arc chevauche à quelques encablures en avant, seule, toujours seule. Elle porte l'armure et tend vers le ciel sa bannière blanche frappée de la fleur de lys sur laquelle est inscrit « Jesus Maria », la devise des ordres mendiants. Sur le flanc de l'animal, elle a posé son épée décorée de cinq croix. Une armée qui remonte sur Paris, une armée qui veut reprendre la capitale du royaume occupée par les Anglo-Bourguignons, une armée qui traverse la campagne pour rassembler des soldats, recueillir de l'argent, et entamer une nouvelle guerre.

Jeanne galvanise les cœurs et impose la paix de Dieu. Les ribaudes et autres filles à soldats ne peuvent plus suivre les hordes de combattants. Des prêtres portant bannières récitent des prières et confessent ces hommes rudes couverts du sang de l'ennemi. Même les plus proches compagnons de celle que l'on nomme la Pucelle, connus pour leurs rapines et leurs exactions,

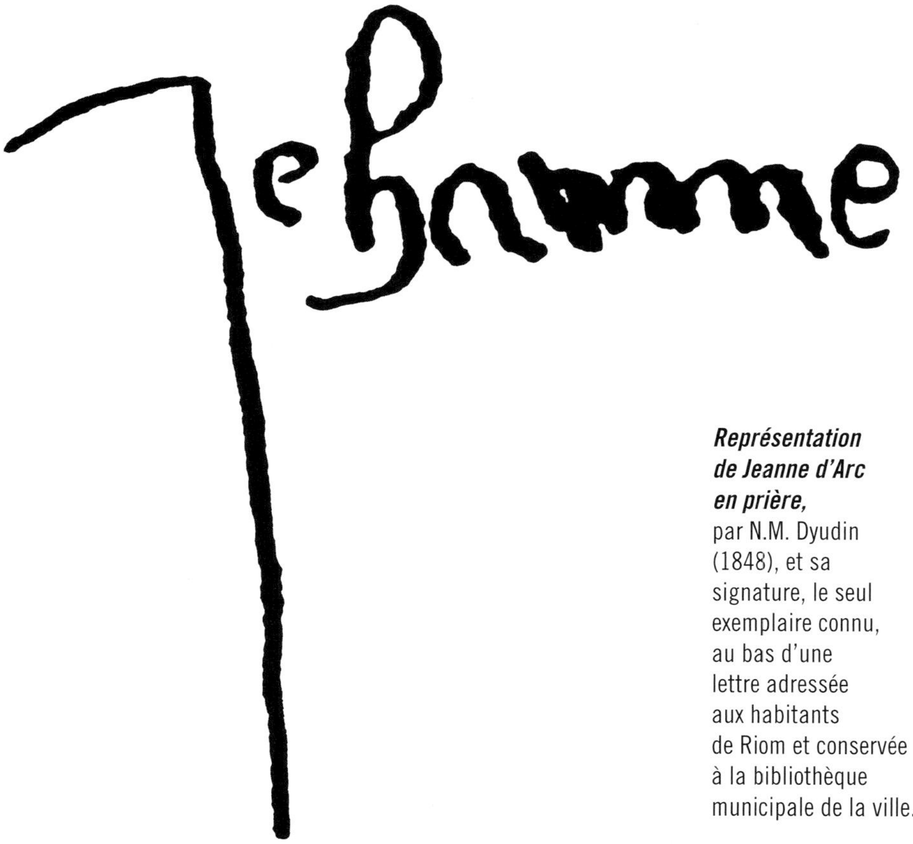

Représentation de Jeanne d'Arc en prière, par N.M. Dyudin (1848), et sa signature, le seul exemplaire connu, au bas d'une lettre adressée aux habitants de Riom et conservée à la bibliothèque municipale de la ville.

Jeanne d'Arc chevauche à quelques encablures en avant, seule, toujours seule. Elle porte l'armure et tend vers le ciel sa bannière blanche frappée de la fleur de lys sur laquelle est inscrit « Jesus Maria », la devise des ordres mendiants.

Jeanne d'Arc faisant son entrée dans Orléans libérée en 1429. Elle sera condamnée au bûcher le 30 mai 1431, accusée d'hérésie par les Anglais.

lui vouent un respect qui frôle la vénération, abandonnant en sa présence la vulgarité de leurs mœurs et de leur langage. Partout où elle passe, on l'acclame. Jeanne vient de s'emparer de Saint-Pierre-le-Moûtier, a mis le siège devant La Charité-sur-Loire, a libéré Laon et Coulommiers.

Mais Jeanne est épuisée, Jeanne voudrait mettre pied à terre, Jeanne aimerait retrouver sa Champagne natale, et Jeanne doit encore se battre. Elle vient juste de fêter ses dix-huit ans mais a déjà vécu mille vies, guerroyé sans relâche, et vu tant de sang versé, tant d'hommes tomber sous les coups de l'ennemi. Jeanne s'isole dans ses pensées, revoit ces deux années passées si vite. La petite bergère de Domrémy avait entendu la voix céleste de l'archange saint Michel l'exhortant à libérer le royaume de France occupé au nord par les Anglais. Elle était devenue chef de guerre. Elle avait levé le siège d'Orléans en dix jours, malgré une blessure qui l'avait laissée pour morte. Elle avait ensuite conduit le dauphin Charles au sacre à Reims, avant de s'élancer à nouveau sur les champs de bataille.

À la sortie du hameau du Mas-Saint-Jean, Jeanne aperçoit un tilleul, planté face à une petite chapelle en pierres du pays. Une chapelle toute simple. L'eau qui jaillit de la fontaine en contrebas aurait des vertus miraculeuses. Alors, Jeanne fait stopper la troupe, descend de son cheval, et demande à ses soldats de rester à l'écart. Elle s'avance, s'agenouille devant la croix, et se met à prier de longues minutes dans le silence. Elle se sent abandonnée. Même ce roi qu'elle a couronné a pris ses distances. On entend juste ses murmures.

Que peut-elle invoquer ? Sait-elle que ses jours sont comptés ? Que, bientôt, elle sera capturée, jugée pour hérésie et menée au bûcher à Rouen ? Demande-t-elle à Dieu un sursis pour mener à terme sa mission divine ?

Interrogez le tilleul. Lui seul a sans doute entendu sa complainte. Mais il est tellement vieux, ses branches sont si fragiles, et sa charge si lourde, qu'il a perdu la mémoire. À six cent cinquante ans, on peut bien lui pardonner d'avoir oublié.

Demande-t-elle à Dieu un sursis pour mener à terme sa mission divine ? Interrogez le tilleul. Lui seul a sans doute entendu sa complainte.

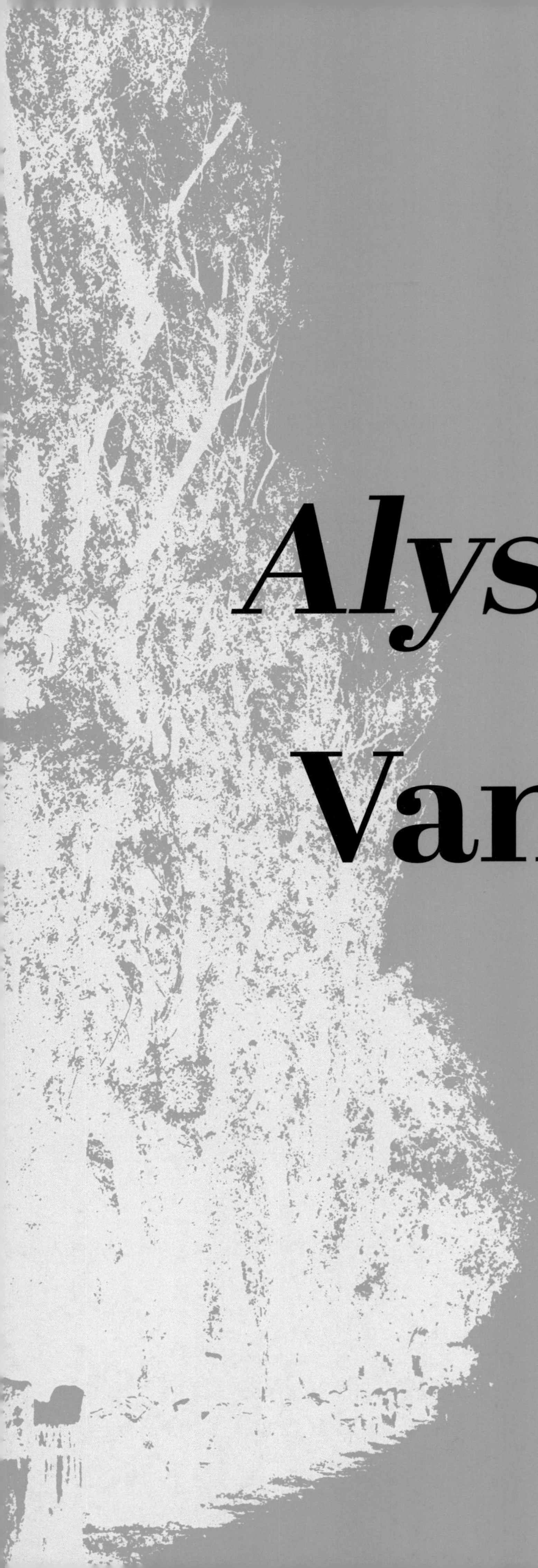

Les Alyscamps de Van Gogh

L'Allée des Alyscamps, tableau peint à Arles en novembre 1888 par Vincent Van Gogh.

Van Gogh croit détenir les clés d'une nouvelle voie artistique, et rêve de créer l'atelier du Midi, où les peintres se nourriraient de la lumière provençale. Il lance alors des invitations pour qu'on vienne le rejoindre. Seul son ami Paul Gauguin relève le défi.

Van Gogh avait fait venir à Arles son ami Paul Gauguin. Entre les deux hommes, l'entente fut exécrable, et Van Gogh s'automutila en s'arrachant un bout d'oreille, comme le montre ce fameux *Autoportrait à l'oreille coupée*, réalisé en 1889.

Quand, le 20 février 1888, il débarque du train en gare d'Arles après quinze longues heures de voyage, Vincent Van Gogh découvre sur le quai une épaisse couche de neige. Lui qui vient chercher le soleil trouve le froid. Peu importe. Il ne supportait plus l'hiver parisien et l'indifférence des milieux artistiques pour sa peinture. Alors il a mis le cap vers le sud, pour vivre sous des latitudes plus clémentes, pour y trouver la lumière surtout. Il déniche un atelier dans un pavillon vide, la façade badigeonnée de jaune, et se met aussitôt à travailler, peignant un peu au hasard, cherchant à s'orienter dans le nouveau décor de son existence.

De jour en jour, le temps s'éclaircit, toute la campagne est en fête, les arbres fruitiers en floraison. Vincent exulte, grisé par les parfums et les couleurs. « Je suis dans une rage de travail », écrit-il avec enthousiasme à son frère Théo, son confident et unique soutien financier. Il peint toile sur toile, dans une créativité où nul peintre avant lui ne s'est aventuré. Il rend un culte au soleil et supprime tout ce qui peut atténuer l'expression de la couleur : le clair-obscur, les demi-teintes, les ombres. C'est la période la plus prolifique de son existence : sa période arlésienne donnera le jour à plus de 300 tableaux et 200 dessins et esquisses. Van Gogh croit détenir les clés d'une nouvelle voie artistique, et rêve de créer l'atelier du Midi, où les peintres se nourriraient de

Des *Alyscamps*, Vincent exécute successivement quatre versions quand Paul ne peint ce motif que par deux fois. Gauguin ne parvient pas à suivre le rythme infernal imposé par son compagnon et a le mépris facile. Leurs conversations ne sont plus un échange mais un combat.

la lumière provençale. Il lance alors des invitations pour qu'on vienne le rejoindre. Seul son ami Paul Gauguin relève le défi.

Gauguin a quarante ans. Cinq années de plus le séparent de Van Gogh. Tous deux veulent révolutionner la peinture, régénérer leur technique. Au matin du 23 octobre, Gauguin frappe à la porte de la maison jaune. Sur le mur de la chambre de Vincent, il regarde l'inscription qu'a tracée le peintre des *Tournesols* : « Je suis Saint-Esprit, je suis sain d'esprit. » Sombre présage. Mais sans plus attendre, on se met au travail. Les deux hommes s'en vont aux Alyscamps, les Champs-Élysées en provençal, un cimetière gallo-romain aux abords de la ville, une perspective bordée de tombeaux sous les frondaisons rougeoyantes de l'automne. Vincent n'a aucun goût pour peindre des ruines ou des sarcophages, Paul non plus. La poésie des lieux, l'alignement des arbres, la lumière dorée les inspirent. Mais ce qui devait les rassembler les sépare. L'amitié devient affrontement. Les deux peintres installent leurs chevalets sur un talus face au canal de Craponne et jettent leurs couleurs sur la toile. Vincent, bouleversé par l'émotion, transfigure tout ce qu'il voit. Paul, au contraire, raisonne, calcule, médite. Vincent écrit à nouveau à Théo : « Je crois que tu aimerais la chute des feuilles que j'ai faite. Des peupliers bordent une allée où sont alignés de vieux tombeaux d'un lilas bleu. Le sol est couvert, comme d'un tapis, par une couche épaisse de feuilles orangées et jaunes tombées. Comme des flocons de neige, il en tombe toujours encore… » Résultat sans appel : des *Alyscamps*, Vincent exécute successivement quatre versions quand Paul ne peint ce motif que par deux fois. Gauguin ne parvient pas à suivre le rythme infernal imposé par son compagnon et a le mépris facile. Leurs conversations ne sont plus un échange mais un combat. Incompatibilité d'humeur, rivalité, mais surtout divergences sur leur art : Gauguin théorise quand Van Gogh laisse courir son imagination. Les mots fusent. Gauguin ne supporte plus ce demi-fou « bizarre » qui le persécute, le traite de « serpent ». Ils se chamaillent comme un vieux couple tombé dans la haine. Ce dimanche soir, à la veille du réveillon de Noël, Paul claque la porte de la maison jaune, s'en va dormir à l'hôtel et prendra le train pour Paris dès le lendemain.

Van Gogh est seul, se sent abandonné, lâché par son ami, dans la peur aussi de perdre le soutien de son frère qui vient de lui annoncer par courrier ses fiançailles. Les heures passent dans le froid de ce 23 décembre. Jusqu'à ce geste fou : devant son miroir, en fin de soirée, il se tranche l'oreille avec son rasoir, l'enveloppe dans un linge, et court la ville pour l'offrir à sa maîtresse, Rachel, une prostituée. Les Alyscamps, cette allée bordée de peupliers, auront poussé cet incompris à la démence. Quelques mois plus tard, il se fera interné dans un asile près de Saint-Rémy-de-Provence, avant de retourner en région parisienne. Rongé par la dépression malgré une boulimie de création, peignant plus de 80 toiles en deux mois, l'après-midi du 27 juillet 1890, il part seul à pied dans les champs d'Auvers-sur-Oise et se tire une balle dans la poitrine. Il succombe deux jours plus tard, à l'âge de trente-sept ans.

Une autre version des *Alyscamps*, par Paul Gauguin cette fois, datant d'octobre 1888.

Incompatibilité d'humeur, rivalité, mais surtout divergences sur leur art : Gauguin théorise quand Van Gogh laisse courir son imagination.

Le rescapé de Ground Zero

Le 11 septembre 2001, les deux tours jumelles du World Trade Center, l'orgueil de l'Amérique et symbole du cœur financier de New York, furent la cible des terroristes d'Al-Qaïda et s'effondrèrent.

F.D.N.Y

Jeudi 5 mai 2011. Cela fait moins d'une semaine que le gouvernement de Washington a annoncé la mort d'Oussama Ben Laden. Le cerveau d'Al-Qaïda, l'homme derrière la planification des attentats du 11 septembre 2001 a été abattu dans sa cachette pakistanaise par un commando de l'US Navy. Les Américains tiennent enfin leur vengeance. Barack Obama, ce jour-là, a le visage grave. Il regarde ce nouveau World Trade Center de 551 mètres, érigé en si peu d'années en lieu et place des tours jumelles tristement célèbres qui faisaient, avant ce jour de cauchemar, la fierté de New York. Il s'avance seul sur une allée bordée de 225 chênes blancs et passe devant deux bassins marquant l'emplacement des anciens gratte-ciel où l'eau tombe désormais en cascade. Il s'arrête un temps pour lire quelques-uns des noms des 2 982 victimes inscrits à jamais sur des feuilles de bronze, puis s'immobilise enfin devant un petit arbre entouré de simples barrières métalliques. Il dépose à son pied une gerbe de fleurs bleues, blanches et rouges, et regarde ce survivant. Oui, ce poirier de Chine est un survivant. Quand l'horreur s'est abattue sur la ville, quand la mort a frappé, quand des centaines d'individus ont été ensevelis, lui seul a résisté, lui seul est resté en vie. Il est désormais un symbole de la résistance, de la survie et de la renaissance. Il est le « Survivor Tree ». Le président des États-Unis est face à une foule de notables, de journalistes, de familles encore marquées par le deuil. On attend le début de son discours, mais il garde les yeux fixés sur ces feuilles bourgeonnantes, ballottées par le vent en ce début de printemps. Il se souvient…

C'était un mardi matin, et les rues du quartier de Wall Street, dans le sud de Manhattan, grouillaient d'hommes d'affaires et d'employés qui rejoignaient leurs bureaux. Un peu avant 9 heures, ce 11 septembre, il y a eu un bruit sourd et tout a tremblé. Certains ont lancé un regard de détresse vers un ciel tout bleu et ont aperçu un avion frappant de plein fouet l'une des tours du World Trade Center. Incrédulité. Effroi. Une épaisse fumée s'est dégagée du trou béant laissé dans la façade. Et puis, quelques minutes plus tard, un nouveau Boeing s'est écrasé contre la seconde tour. Tous ont compris qu'il ne s'agissait pas d'un accident, mais d'un acte terroriste sans précédent. L'Amérique était attaquée, ce fut la panique. On évacua en hâte les étages inférieurs des deux buildings transformés en torches fumantes, on vit des femmes et des hommes se jeter dans le vide pour fuir les flammes. Tous criaient, se bousculaient. On redoutait le pire et ce fut le début de l'Apocalypse. Moins d'une heure après l'impact, la tour sud s'effondra dans un nuage de poussière ; une demi-heure plus tard, sa jumelle en fit autant.

En un instant, 500000 tonnes d'acier et de béton se répandirent sur tout le sud de l'île, noyant sous les décombres des milliers de vies. Des décors de carte postale ou de cinéma transformés d'un coup en un immense tombeau. Dans ces torrents de fumée âcre, dans cette nuit de débris, des hommes, hébétés et couverts de sang ont cherché à fuir ; des femmes, recouvertes par une pluie de cendres, un foulard devant la bouche, ont voulu appeler à l'aide, un portable à l'oreille. Mais les communications ne passaient plus, la ville était coupée du monde, la police débordée, les pompiers effondrés.

Quelques jours plus tard, dans ce paysage dantesque, on a découvert sous les décombres ce petit arbre miraculeusement épargné par les destructions, un peu cassé, un peu brûlé, mais toujours debout. L'arbre a été délicatement dégagé par les équipes qui déblayaient Ground Zero, on l'a soigné comme un grand blessé, et on a attendu qu'il reprenne de la vigueur pour le replanter à l'endroit même où il avait été retrouvé.

Barack Obama reprend doucement ses esprits, croise le regard de ces pompiers devenus les héros de New York et leur adresse ses premiers mots : « Je voulais juste venir ici pour vous remercier. Ce site est symbolique de l'extraordinaire sacrifice que vous avez donné en ce jour terrible. Et désormais, justice est faite contre les auteurs de cet acte horrible ! » Le petit poirier de Chine sait, lui, qu'il est devenu un lieu de mémoire, un lieu pour pleurer les morts, un lieu pour se souvenir, pour regarder vers le ciel là où les avions kamikazes ont frappé. Un lieu aussi pour montrer à la face du monde que la vie est plus forte que la haine.

Le 5 mai 2011, au pied du Survivor Tree, le président Barack Obama rend hommage aux 2 982 victimes de l'attentat.

Quelques jours plus tard, dans ce paysage dantesque, on a découvert sous les décombres ce petit arbre miraculeusement épargné par les destructions, un peu cassé, un peu brûlé, mais toujours debout. L'arbre a été délicatement dégagé par les équipes qui déblayaient Ground Zero, on l'a soigné comme un grand blessé, et on a attendu qu'il reprenne de la vigueur pour le replanter à l'endroit même où il avait été retrouvé.

MEMORIAL

EXIT ONLY

Le pommier d'Isaac Newton

C'est en regardant une pomme tomber, dans le manoir familial de Woolsthorpe, que le physicien Isaac Newton développa sa théorie de la gravitation.

Portrait de sir Isaac Newton (1642-1727) par son contemporain Gottfried Kneller, une peinture trônant au Trinity College de Cambridge, où le célèbre savant fit ses études.

En ce 15 avril 1726, sir Isaac Newton dîne à Kensington avec son vieil ami médecin William Stukeley. Il a quatre-vingt-trois ans, se sait au crépuscule de son existence, et sans doute éprouve-t-il le besoin de se confier une dernière fois. À la fois mathématicien, physicien et philosophe, son nom est inscrit au panthéon des plus grandes gloires des sciences modernes, lui l'inventeur du premier télescope à miroir, le déchiffreur des lois universelles du mouvement, de la théorie de la couleur ou du théorème du binôme. Génie parmi les génies, anobli chevalier par la couronne britannique, nommé à la tête de la très prestigieuse Royal Society of London, il est surtout reconnu pour sa plus grande découverte, celle qui traversera les siècles, celle de la théorie universelle de la gravitation. Avant lui, d'éminents scientifiques comme Descartes avaient certes élaboré des hypothèses sur le fonctionnement de l'attraction solaire avec notre planète, mais nul n'avait réussi à expliquer ce phénomène étrange de la gravitation. Comment Newton a-t-il pu en percer les secrets ? Il garde en lui, enfoui depuis des années, ce moment du déclic, cette étincelle qui fit jaillir sa compréhension du monde. Une pure coïncidence, une vision banale, si simple qu'il pourrait devenir la risée de ses contemporains en la dévoilant. Mais peu importe désormais. Les mystères si complexes de la science ont parfois des apparences trompeuses. Alors, après le souper, Newton, en cette chaude soirée de printemps, emmène son compagnon dans le jardin pour boire du thé. Ils s'assoient tous les deux sous un pommier et le scientifique rassemble ses souvenirs.

« Vous souvenez-vous de cette terrible année 1666, quand l'Angleterre était ravagée par une épidémie de peste bubonique ? J'avais vingt-trois ans, je poursuivais encore mes études à Cambridge et, sous l'insistance de ma mère inquiète pour ma santé, j'ai décidé de rejoindre notre manoir familial de Woolsthorpe, dans la campagne du Lincolnshire. Et il y eut cette journée, douce comme celle d'aujourd'hui. J'étais d'humeur contemplative, dans le jardin, à l'ombre d'un pommier. Tandis que je méditais, je vis une pomme se détacher et tomber dans l'herbe. Alors, je me suis interrogé. Pourquoi cette pomme tombe-t-elle toujours perpendiculairement au sol ? Pourquoi ne tombe-t-elle pas de côté ou bien vers le haut, mais constamment vers le centre de la Terre ? Et si la matière attire ainsi la matière, cela doit être en proportion de sa quantité. Je compris aussitôt que le pouvoir de la gravité ne se limitait pas aux distances terrestres mais s'étendait au-delà de notre planète. Et que la Lune était animée par la même force d'attraction. Ainsi, contrairement aux apparences, la Lune tombe. Sauf que sa chute est infinie en raison d'un mouvement transverse qui l'empêche d'atteindre le sol et la maintient en orbite pour, justement, graviter autour de la Terre. Vous rendez-vous compte, Stukeley, sans ce pommier, je n'aurais jamais pu formuler ma théorie de la gravitation universelle... »

Voici comment une simple anecdote bouleversa le cours de la science, voici pourquoi le pommier de Woolsthorpe, près de la petite ville marchande de Grantham, est devenu le plus célèbre du monde. L'arbre de Newton a traversé les turpitudes de l'Histoire pour continuer de donner ses fruits au XXIe siècle. C'est grâce à la famille Woolerton, propriétaire du manoir de génération en génération, de 1733 à 1947, que le pommier a été soigné et maintenu en vie, même si, très affaibli, il fut mis à terre par une tempête en 1816 : par miracle, la majeure partie des branches fut sauvée et le tronc reprit racines à l'endroit même où il toucha le sol. Mais c'est en 2010 que le pommier de quatre siècles connut une nouvelle destinée. Le 14 mai de cette année-là, l'astronaute britannique Piers Sellers s'embarqua dans la navette spatiale *Atlantis* pour une mission de douze jours vers l'ISS, la Station spatiale internationale. Il emportait avec lui un morceau du pommier de Newton, dans le cadre de la célébration des 350 ans de la Royal Society. L'astronaute déclara : « Lorsqu'il sera là-haut, ce petit bout de bois fera l'expérience de l'apesanteur, et si une pomme s'en détachait, elle ne tomberait pas. Je suis sûr que Newton aurait aimé voir cela, pour prouver que sa première loi sur le mouvement était juste. »

Le bonheur de Marilyn Monroe

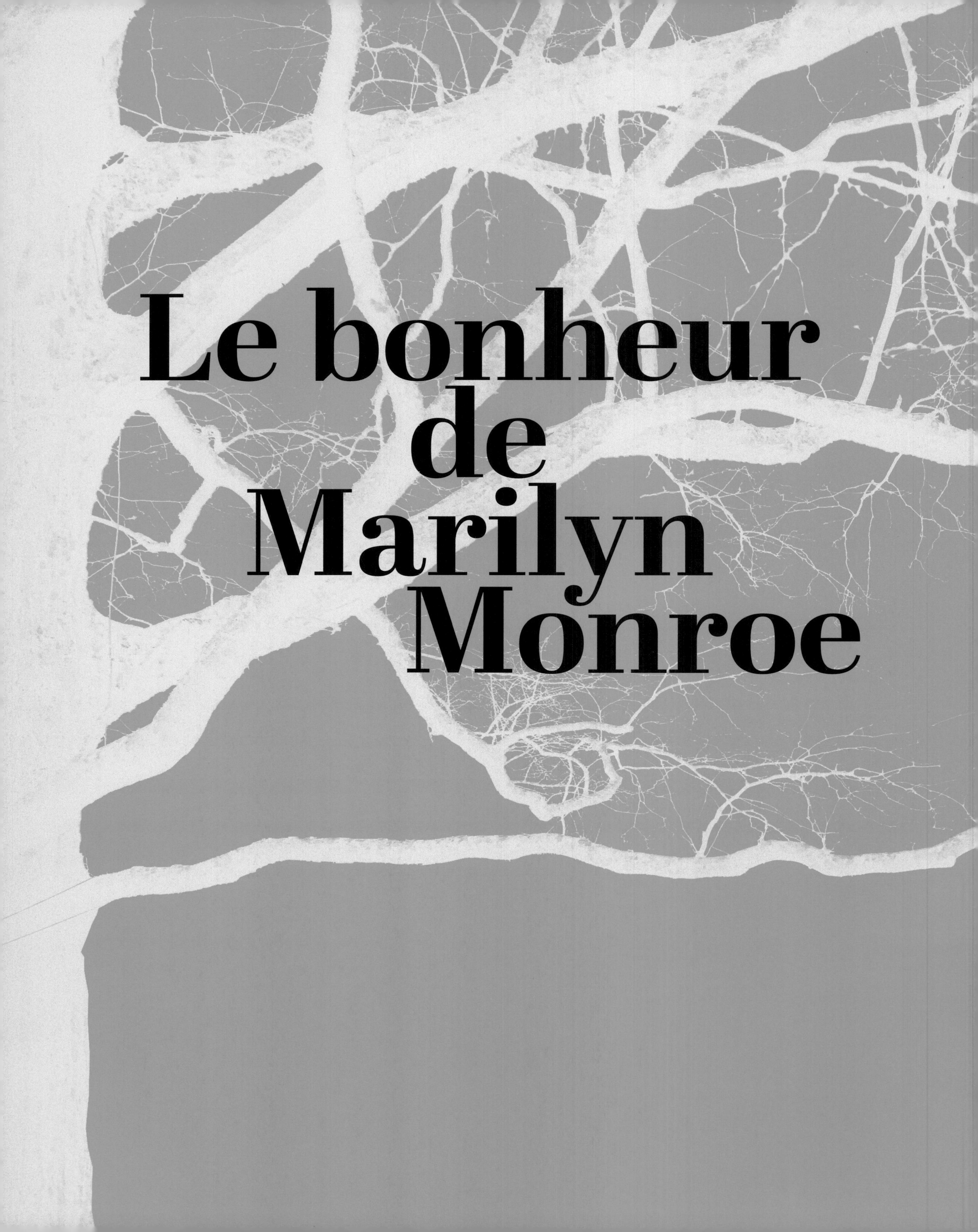

La star a trente ans, elle vient d'épouser Arthur Miller, et pose pour le photographe Sam Shaw dans la propriété du dramaturge à Roxbury, dans le Connecticut.

Marilyn est heureuse. Pour la première fois de sa vie. Le 29 juin 1956, elle vient d'épouser Arthur Miller, ce dramaturge flegmatique dont les pièces *Mort d'un commis voyageur* et *Les Sorcières de Salem* sont encensées par la critique. L'intellectuel new-yorkais, décrié par l'Amérique conservatrice pour ses prises de position anticonformistes, a stupéfié Hollywood en lui enlevant sa pulpeuse bombe sexy. La star est amoureuse, tout en admiration pour cet homme si brillant, paraissant indifférent à sa célébrité et qui ne lui parle pas comme les autres, qui ne la déshabille pas du regard tel le loup de Tex Avery. Pour fuir la horde des journalistes qui s'attachent sans cesse à leurs pas, ils se sont réfugiés à Roxbury, une bourgade du Connecticut où l'écrivain a acheté une jolie maison de deux étages, cernée par un parc qui les protège des curieux. Marilyn a revêtu une simple robe blanche, elle enlace Arthur sous un arbre de la propriété, l'embrasse, s'abandonne dans ses bras. Elle se sent aimée, elle semble si gaie, si insouciante. Le photographe Sam Shaw immortalise ces instants de vie. La star a la

Marilyn a revêtu une simple robe blanche, elle enlace Arthur sous un arbre de la propriété, l'embrasse, s'abandonne dans ses bras.

Avec le film *Sept Ans de réflexion*, en 1955, Marilyn Monroe connaît la gloire. Mais ses plus beaux moments de bonheur, elle les vivra dans le parc arboré de Roxbury, auprès d'Arthur Miller, son nouvel époux.

beauté radieuse. Il ne l'a jamais vue ainsi, lui qui pourtant la connaît depuis ses premiers essais de jeune actrice, lui qui a signé le plus emblématique cliché de cet ange de la tentation sur le tournage de *Sept Ans de réflexion*, quand, au-dessus d'une grille d'aération du métro, le vent emporte sa robe et laisse deviner la finesse de ses jambes. Sous cet arbre, Sam Shaw multiplie les prises de vue improvisées, sait capter le bon moment, restituant sans artifice, sans maquillage, sans paillettes ni mise en scène, l'émotion d'une femme au comble du bonheur.

Marilyn est heureuse. Elle a trente ans et elle oublie près d'Arthur, en cette douce journée d'été, les affres d'une enfance misérable. Née de père inconnue le 1er juin 1926, répondant alors au nom de Norma Jeane Baker, elle fut ballottée de foyers d'adoption en orphelinats, régulièrement abandonnée par une mère, Gladys Monroe, diagnostiquée schizophrène, qui lui laissa longtemps croire qu'elle était la fille de Clark Gable. Elle aurait pu finir dans les bas-fonds de Los Angeles. Sa beauté du diable l'a sauvée.

Marilyn est heureuse. Elle a enfin rencontré l'homme de sa vie après tant d'amours déçues. C'est son troisième mariage mais elle n'imagine pas qu'il puisse voler en éclats. La première fois, ce fut avec James Dougherty, le fils des voisins. Elle n'était qu'une adolescente en mal de vivre et ce jeune gaillard, ouvrier dans l'usine de bombardiers Lockeed Aircraft, représentait son passeport pour la liberté. Elle n'avait que seize ans, l'épousa en juin 1942, mais le couple ne prit jamais le temps de s'attacher l'un à l'autre. Quand « Jim » rejoignit la marine marchande, elle fut repérée par une agence de mannequins qui signa le début de sa carrière. Et, quand la 20th Century Fox hésita à l'embaucher, ne voulant pas d'une starlette enceinte, elle n'hésita pas : le jeune homme reçut les papiers du divorce lors d'une escale à Shanghai, en 1946. Le deuxième mariage eut lieu en janvier 1954. L'heureux élu ? Joe DiMaggio, légendaire joueur de baseball des Yankees de New York. Coup de foudre entre le sportif surdoué et l'étoile montante de Hollywood. Mais totale incompatibilité d'humeur. Il méprise le milieu du cinéma, veut lui dicter le choix de ses films mais surtout, jaloux comme un tigre, il ne supporte pas le regard des spectateurs sur les cuisses de sa femme dans *Sept Ans de réflexion*. Le divorce sera prononcé le 27 octobre de la même année.

Marilyn est heureuse. À Roxbury, dans le havre de paix d'Arthur, elle se moque des critiques, de cette presse, cruelle, qui les surnomme « l'écervelée et l'intello ». « J'aime les plaisanteries, mais je ne veux pas en être une », se plaît à répéter l'icône, moins

Marilyn est heureuse. À Roxbury, dans le havre de paix d'Arthur, elle se moque des critiques, de cette presse, cruelle, qui les surnomme « l'écervelée et l'intello ».

sotte qu'il n'y paraît. « Les chiens ne m'ont jamais mordue, seulement les humains », répond-elle aussi aux malintentionnés. Sous cet arbre, sous l'objectif de Sam Shaw, elle se livre tout entière dans son intimité, loin de la cavalcade des paparazzis. Elle respire, elle semble intouchable.

Marilyn est heureuse. Mais pour la dernière fois. L'été est passé. La star est enceinte mais fait une fausse couche. Elle disparaît des plateaux pendant de longs mois, revient en 1959 avec *Certains l'aiment chaud*, et est nominée aux Oscars. Sa popularité est à son comble, mais le cœur n'y est plus. Arthur Miller doute de leur amour. Elle a l'étrange sentiment qu'il a honte d'elle. Une deuxième fausse couche sonne le glas de leur union. Marilyn a les nerfs fragiles, sombre peu à peu dans la dépression, développe des addictions à l'alcool et aux médicaments, multiplie les liaisons sulfureuses et fugaces, avec Yves Montand, avec John Kennedy, puis avec Robert, le propre frère du Président. En 1961, comme un cadeau de rupture, Arthur Miller lui offre, avant de divorcer, son plus beau rôle, le plus dramatique aussi, celui d'une femme instable dans *Les Désaxés*. Mais Marilyn a perdu tout espoir. La vie lui a appris « qu'on ne peut aimer l'autre, jamais, vraiment ». Le soir du 5 août 1962, on la retrouve morte sur son lit, tuée par ces satanées pilules qu'elle a avalées en surdose. Près d'elle, il y avait cette photo prise par Sam Shaw, à Roxbury, sous l'arbre du bonheur. Elle a sûrement souri une dernière fois au souvenir de ces joies enfuies.

Le doyen de Paris

Le sacre de Napoléon Ier
est célébré
en grande pompe,
avec 10 000 soldats
de la Grande Armée,
dans la cathédrale
Notre-Dame de Paris.

Notre-Dame de Paris veillait encore sur la capitale comme l'incarnation du temps quand j'ai vu soudain le ciel s'obscurcir et les premières flammes dévorer le noble vaisseau gothique.

Je suis un vieillard mais j'ai, depuis ma naissance, le privilège de pouvoir contempler, saison après saison, jour après jour, l'un des plus beaux symboles de la chrétienté. Planté dans le square Viviani, au cœur du Quartier latin, j'ai pourtant bien cru ne pas survivre, cette nuit tragique du 15 avril 2019. Notre-Dame de Paris veillait encore sur la capitale comme l'incarnation du temps quand j'ai vu soudain le ciel s'obscurcir et les premières flammes dévorer le noble vaisseau gothique. Le feu a embrasé la charpente, cette « forêt » de mille trois cents chênes, puis il s'est propagé jusque vers la flèche édifiée par Viollet-le-Duc. Cette fine dentelle verticale a fondu, s'est disloquée puis s'est écroulée, provoquant l'effondrement de la toiture et d'une partie de la voûte. Il aura fallu quinze heures aux pompiers pour éviter le pire, pour qu'enfin le brasier s'éteigne. Les deux tours ont tenu. Un miracle. Si le contraire s'était produit, je crois que je n'aurais pas eu la force de résister.

Je suis un vieillard, j'ai passé toute mon existence ici, sur les bords de Seine, mais je viens de loin, de l'autre côté de l'Atlantique, de la région des Appalaches, en Amérique du Nord. Je suis un robinier et je dois ce nom étrange à un certain Jean Robin, herboriste et arboriste du roi, qui me fit venir sous forme de graine, désireux d'introduire en France des membres de mon espèce, réputée pour ses valeurs curatives et son bois imputrescible. Il m'a donné la vie un matin de 1602, sous le règne d'Henri IV, tout près du jardin des Apothicaires – le futur Jardin des Plantes –, dont il avait la charge. On se méprend sur moi : on prétend que je ressemble à un acacia, mais j'appartiens à la famille des *Fabaceae*, qui donnent au printemps ces longues grappes de fleurs blanches le long de mes branchages.

Je suis un vieillard qui, dans sa jeunesse, a connu Dante et Thomas d'Aquin, Racine et Corneille, mais le plus beau jour de ma vie restera sans doute celui du 2 décembre 1804. J'avais alors deux siècles, les cloches de Notre-Dame sonnaient sans discontinuer, Napoléon allait être sacré empereur. C'était un hiver glacial, les quais étaient couverts de neige, et une foule de cinq cent mille âmes patientait dans le froid pour ne rien perdre de l'événement, pour acclamer son héros. Pour l'occasion, on avait donné une nouvelle beauté à la cathédrale : les murs avaient été blanchis à la chaux et un décor avait recouvert les dégradations commises pendant les heures sombres de la Révolution, quand les pillards avaient saccagé les statues extérieures, brisé les vitraux, profané les objets sacrés. Je l'ai soudain vu passer devant moi, ce conquérant de trente-cinq ans, dans un carrosse doré tiré par huit chevaux, escorté par dix mille hommes : des hussards, des dragons, des cavaliers en grande tenue, de fidèles grognards de la campagne d'Italie. Il s'est engouffré dans l'édifice, suivi de son épouse Joséphine, il portait un lourd manteau en velours doublé de satin blanc et d'hermine, et j'ai entendu retentir les chants des quatre cents musiciens et choristes. Jamais encore Notre-Dame n'avait connu un tel faste.

Je suis un vieillard, le doyen végétal de Paris, mais je perds lentement mes forces. Depuis peu, je repose sur une canne en béton, recouverte de lierre pour dissimuler habilement ma fragilité, et c'est elle qui m'aide à rester debout. Pour me protéger, on m'a entouré d'un banc circulaire. Certes, je continue de m'élancer à plus de quinze mètres du sol, de bourgeonner en avril, de fleurir en mai, de perdre mes feuilles en octobre. Certes, je me laisse danser au gré du vent, je me gave des rayons du soleil, je ne crains pas les pluies d'automne, mais je souffre de l'usure du temps, des assauts de la pollution, de l'indifférence des passants à mon âge vénérable. Pour me consoler, je me souviens d'un air plus pur, d'une nature plus douce, de tous ces instants de bonheur que j'ai abrités. Comme il me manque, ces premiers baisers, ces douces confidences, ces amours naissantes ou impossibles, ces flâneries au soleil couchant, ces lecteurs qui venaient s'adosser à mon tronc. Autour de moi, je ne vois plus que des gens qui courent. On ne me regarde plus. Je n'ai plus de raison de vivre.

Le 2 décembre 1804, Napoléon est sacré empereur. Toile de François Gérard, l'un des principaux peintres du premier Empire, réalisée en 1805.

L'immortel d'Hiroshima

Le 6 août 1945,
l'explosion de la première bombe atomique au-dessus de la ville japonaise d'Hiroshima précipite la fin de la Seconde Guerre mondiale, faisant d'un coup 70 000 victimes.

R
82

Je suis un arbre sacré, je me dresse près du temple d'Housenbou, et chaque matin, malgré la guerre, malgré les privations, malgré les bombardements quotidiens qui ravagent ma ville d'Hiroshima, les moines bouddhistes se prosternent devant mon tronc noueux avant de prier pour le salut du Japon. Je suis né ici il y a près de cent cinquante ans, je suis encore un enfant et je n'ai pas peur de vieillir. Je ne crains ni les parasites, ni les maladies, ni les climats les plus rudes. Je résiste à tout, je suis l'incarnation de la longévité, je peux vivre deux mille ans. Si le feu a la mauvaise idée de vouloir m'attaquer, je riposte : je me gorge d'eau et mon écorce se couvre d'un suc ininflammable. Si le froid pense pouvoir geler mes racines, il se trompe : je possède une armure imparable et ma sève continue de couler pour combattre la mort. Je me moque du temps qui passe, il n'a aucune emprise sur moi : mes pères sont apparus bien avant le règne des hommes, avant même celui des dinosaures, au temps de l'ère glaciaire, il y a 270 millions d'années, quand le feu des volcans arrêta les rayons du soleil, quand le ciel s'obscurcit, quand une épaisse banquise enveloppa l'ensemble de la Terre. J'ai appris à vivre, à me développer malgré toutes les vicissitudes, et c'est pour cela qu'on me vénère depuis la nuit des temps. Même si tout disparaît, je serai encore là. Je suis le *Ginkgo biloba*.

Je suis un arbre indestructible et pourtant, ce matin du 6 août 1945, j'ai vraiment cru que ma dernière heure était arrivée. Mon pays refusait alors de capituler face aux armées alliées et les Américains menaient jour et nuit des raids aériens sur les populations. Vers 8 heures, le temps était radieux et j'ai aperçu un

Le bombardier américain *Enola Gay*, commandé par le pilote Paul Tibbets, transportait dans sa soute une bombe à l'uranium de quatre tonnes et demie, qu'il largua à 8 h 15.

Je suis l'arbre de l'espoir, le signe de la renaissance après une catastrophe humaine sans précédent.

point noir dans le ciel. Un avion que je n'avais encore jamais vu. Ce bombardier, un B-29 piloté par le colonel Tibbets, s'appelait *Enola Gay*. Il transportait une bombe *à l'uranium* d'une puissance inconnue, ironiquement baptisée « Little Boy ». Il a largué son engin de mort 9448 mètres plus haut. Quelques secondes plus tard, un éclair aveuglant brisait l'azur et une gigantesque boule de feu embrasait l'horizon. De toutes les directions jaillirent des flammes bleues et rouges. Un souffle de chaleur intense s'abattit sur moi, enflamma aussitôt la ville, soulevant les cours d'eau, faisant fondre les toits et l'asphalte des rues, arrachant tous les bâtiments dans un rayon d'un kilomètre. Puis une gigantesque montagne de nuages se mit à tournoyer dans le ciel, une sorte de gros champignon de vapeur blanche se forma. Tout ce qui pouvait brûler brûla. D'un coup. Les immeubles, les maisons, mais aussi les sourcils, la peau des visages et des mains. Et ceux qui ne périrent pas désintégrés par cette température atteignant plus de 5 000 degrés, ceux qui vivaient un peu plus éloignés de l'épicentre s'assirent à même le sol, attendant la mort au milieu d'un champ de ruines. Comment ai-je pu résister ?

Je suis l'arbre de l'espoir, le signe de la renaissance après une catastrophe humaine sans précédent. Certes la guerre prit fin. Mais 200 000 personnes sont mortes, anéanties par la première utilisation de la bombe atomique. Autour de moi, tout n'était que désolation, le temple auquel j'étais adossé a été pulvérisé. J'étais entièrement calciné et toute vie était condamnée sur cette terre irradiée. J'ai lutté patiemment contre cet air vénéneux et toxique qui m'asphyxiait, j'ai puisé dans mes dernières forces et j'ai attendu le printemps suivant. C'était en avril 1946, une petite pousse est sortie du sol depuis ma souche, une petite branche est apparue, et des hommes ont pleuré en me voyant renaître. On m'a retiré délicatement de la terre, on a reconstruit ce temple que je protégeais puis on m'a replanté au bas des escaliers de l'édifice. Chaque automne, je vois à nouveau mes feuilles prendre cette si belle couleur jaune d'or puis tomber autour de moi. J'ai aujourd'hui plus de 220 ans. Je suis immortel. Je suis le *Ginkgo biloba*.

Quelques jours après l'explosion, le dôme de Genbaku, ancien palais des expositions, fut le seul bâtiment à rester debout dans le centre d'Hiroshima. Il est devenu aujourd'hui un mémorial pour la paix.

Le chêne de Guillaume le Conquérant

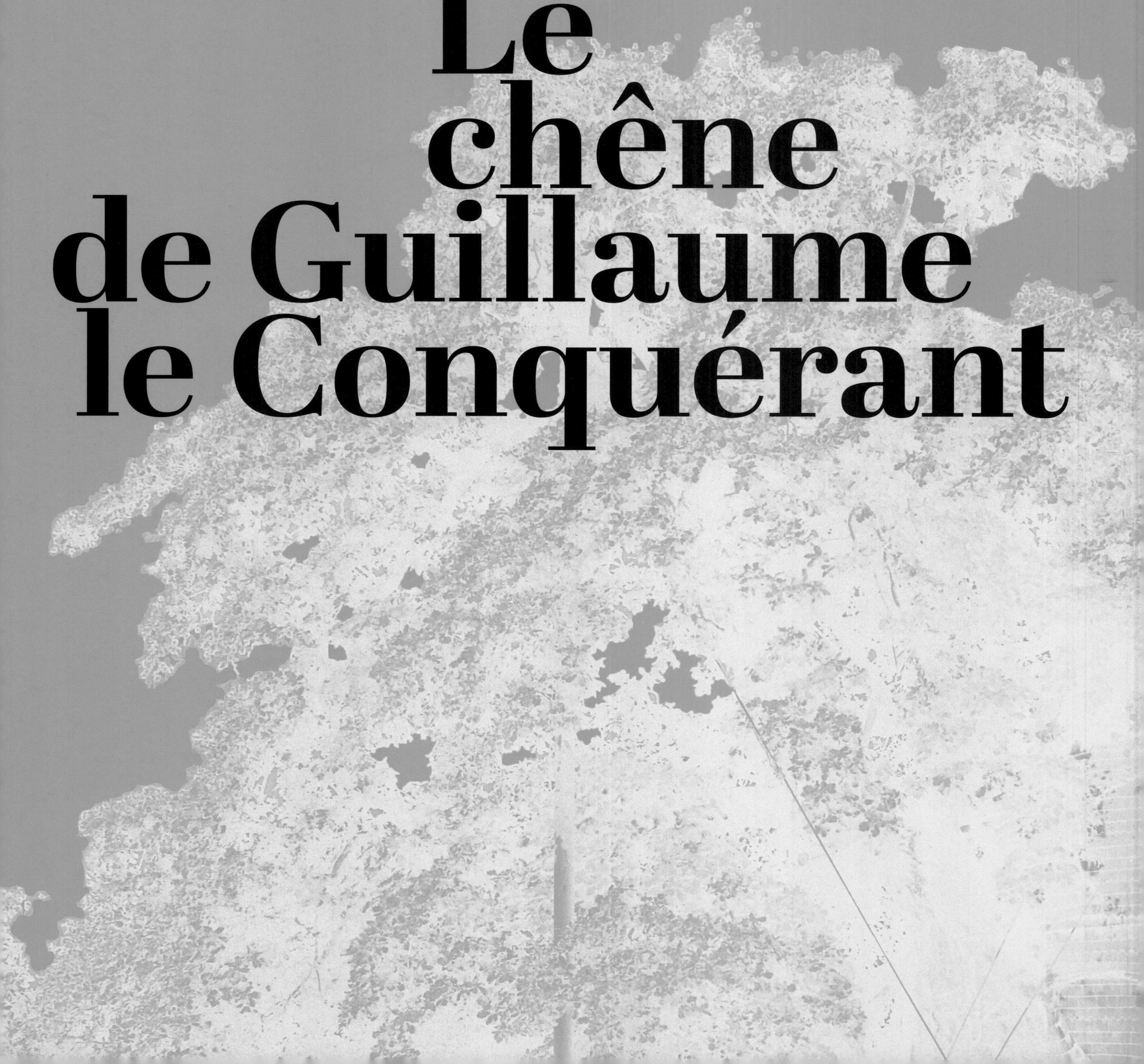

Guillaume Ier de Normandie naviguant vers l'Angleterre. Détail de la tapisserie de Bayeux, datant du XIe siècle.

Portrait de Guillaume (1027-1087), devenu roi d'Angleterre. Tableau de la National Portrait Gallery de Londres, par un artiste inconnu.

Le chêne pédonculé d'Allouville, quant à lui, est devenu le plus vieil arbre de France, l'orgueil de toute une commune, forçant l'admiration, lui qui faillit disparaître tant de fois au cours de ses mille deux cents années de survie.

En cette fin d'été 1066, voilà des jours qu'il écume ses terres de Normandie pour lever la plus puissante des armées, unissant l'ensemble des seigneurs de son duché, recrutant des mercenaires venus de Bretagne ou des lointaines contrées de l'est, rassemblant des milliers de chevaux et de cavaliers. Il n'a pas quarante ans, porte une barbe mal taillée, une lourde armure gravée de son blason, les deux léopards d'or de la bravoure et de la force, et tient fièrement une bannière aux armes du pape : il a le soutien de Dieu et peut compter sur la fidélité de ces 475 compagnons qui le suivent depuis le début de ses conquêtes. Il traîne certes une terrible réputation. On le dit impitoyable, cruel, féroce, brûlant les villages qui lui résistent, achevant sans pitié ses opposants. Mais pourrait-il en être autrement quand, depuis son enfance, il lui a fallu défendre à coups d'épée sa légitimité et ses titres. Guillaume n'a que sept ans quand meurt son père Robert le Magnifique. Il est son seul héritier, mais il a le malheur d'être le fruit d'un amour adultérin avec la simple fille d'un tanneur. Et il portera toute sa vie cette bâtardise comme une balafre, affrontant les barons qui défient son lignage et son autorité, brisant les conspirations dans le sang, supprimant les félons. Maintenant qu'il a solidement posé la couronne ducale sur sa tête, il entend faire respecter ses droits. Édouard le Confesseur vient de s'éteindre. Il régnait sur le trône d'Angleterre et avait choisi Guillaume pour lui succéder. Un droit que lui refuse le comte de Wessex, Harold Godwinson. Un usurpateur que Guillaume compte bien chasser.

Ce matin-là, dans cette chevauchée qui fouette la Normandie, le duc conquérant s'apprête à rejoindre sa flotte à Dives-sur-Mer. Trois mille navires l'attendent pour débarquer sur les côtes anglaises et récupérer son dû. Il traverse maintenant le pays de Caux à la tête de ses troupes mais tient à faire un détour pour se recueillir une dernière fois avant le grand départ, avant la grande bataille qui s'annonce. Le voilà qui entre dans le petit village d'Allouville, au nord de Rouen. Il s'approche de l'église, descend

de cheval, fait quelques mètres puis s'agenouille devant un simple chêne. Celui-ci est probablement sorti de terre sous le règne de Charlemagne, mais la légende prétend qu'il aurait été planté en l'an 911 pour célébrer la naissance de la Normandie. Guillaume y entrevoit un symbole, il prie puis repart vers sa destinée. L'Histoire lui donnera raison. Le 16 octobre 1066, l'ennemi sera défait lors de la bataille d'Hastings, et Guillaume, devenu le Conquérant, s'emparera de la couronne d'Angleterre pour établir une monarchie qui continue de lui survivre.

Le chêne pédonculé d'Allouville, quant à lui, est devenu le plus vieil arbre de France, l'orgueil de toute une commune, forçant l'admiration, lui qui faillit disparaître tant de fois au cours de ses mille deux cents années de survie. Le passage de Guillaume sous sa frondaison aurait-il suscité une ferveur mystique ? On pourrait le croire tant il fut dans un premier temps l'objet de toutes les vénérations, adulé dès le Moyen Âge pour ses pouvoirs supposés de guérison. Puis, en vieillissant, ce vénérable de dix-huit mètres de hauteur se creusa de l'intérieur, offrant en ses entrailles quelques fissures qui s'élargirent avec le temps. Si bien qu'en 1696, le curé de la paroisse, Jacques Delalande du Détroit, déposa d'abord en son sein une image de la Vierge puis y installa une petite chapelle, composée de deux oratoires au cœur du végétal. Ainsi le chêne devint-il monument religieux dédié à Notre-Dame-de-la-Paix. Une sacralisation qui faillit, près d'un siècle plus tard, avoir raison de son existence. Désormais symbole d'un pouvoir clérical honni, il échappa de peu à la destruction quand les révolutionnaires de la Terreur voulurent le brûler, en 1793. Il fallut toute l'ingéniosité de l'instituteur du village, Jean-Baptiste Bonheure, qui rebaptisa à la hâte le chêne « temple de la raison » en apposant un écriteau en lieu et place de l'ancien, trop religieux, qui le condamnait.

Les vieux arbres ont l'écorce dure. Ils vivent, ils transpirent, ils saignent. Celui d'Allouville a résisté à tous les assauts, à la foudre qui, en 1912, l'amputa de moitié, à cette violente tempête de 1930 qui faillit l'achever. Aujourd'hui soutenu par une structure métallique, continuant d'abriter dans son anfractuosité ce petit sanctuaire dont l'entrée est désormais condamnée, il se moque du temps qui passe mais prévient par un petit panneau le poids de son passé : « Cher visiteur, tu te dois, si tu aimes la beauté des choses, de ralentir le pas et d'ouvrir les yeux et ton cœur. Car tu n'entres pas dans un lieu ordinaire. Tu entres dans un écrin d'histoire, dans un lieu qui possède une âme et une authenticité. »

L'arbre aux esclaves

Depuis la plage d'Ouidah, dans l'actuel Bénin, près de deux millions d'esclaves furent envoyés vers le Brésil et les Antilles. Les malheureux devaient faire le tour de cet arbre pour que leur âme puisse revenir sur leur terre d'Afrique.

Je m'appelle Keyindé, je suis le dernier d'une fratrie de sept enfants, j'appartiens à l'ethnie des Youroubas et j'ai perdu tout espoir de revoir ma maison. Je suis nu, enchaîné par le cou, comme des centaines d'autres autour de moi, sur cette plage du golfe de Guinée où j'aperçois au loin des navires aux larges voiles. On m'a échangé contre du tabac, certains de mes frères pour des armes, d'autres encore pour du tissu, et je finirai ma misérable existence dans une contrée lointaine au-delà de cet océan devenu une menace. Un de mes tortionnaires m'a dit que je rejoindrai le port de Pernambouc, sur les côtes du Brésil. Je ne connais pas ce pays qui me considère comme un animal sans âme. J'étais un homme libre, je suis devenu esclave. Laissez-moi vous raconter mon histoire.

Je suis venu au monde vers 1830, dans les plaines du Nigeria. Depuis mon enfance, on nous parlait de ces razzias venues du sud, de ces guerriers sans pitié qui s'emparaient de nos richesses, de nos bêtes, mais aussi de toutes les populations qu'ils trouvaient sur leur passage. Notre vie était paisible et je ne voulais pas écouter ces affabulations, ces légendes bonnes à effrayer les plus jeunes. Jusqu'à ce matin-là. Depuis mon champ de manioc, je les ai vus en furie fondre sur nous. Ils ont brûlé notre village, ils ont tué les vieillards et les nouveau-nés, éventré les femmes enceintes, et se sont emparés des hommes valides et des jeunes filles. À leur tête se trouvait le roi Guézo du Dahomey, un chasseur d'hommes réduisant ses rivaux à l'état d'esclavage. Il a offert les plus belles de nos femmes à ses meilleurs soldats et nous a emmenés jusqu'aux portes de son palais de Dahomey, aux murs ornés de têtes coupées.

Nous avons très vite compris le sort qui nous attendait. J'étais vaillant, jeune, en bonne santé, et on allait me vendre pour m'envoyer vers une colonie administrée par des Européens. Nous avons parcouru à marche forcée les 130 kilomètres nous séparant de l'océan, sous une chaleur éprouvante, sous les coups de nos tortionnaires. Certains ne l'ont pas supporté et se sont effondrés dans la poussière, immédiatement abattus par les limiers de Guézo. Et puis, nous sommes arrivés à Ouidah, un port entièrement dévolu à la traite des esclaves. On nous a traînés vers la place Chacha, du surnom de Francisco Félix de Souza, le prince des négriers. J'ai vu ce seigneur brésilien, vêtu de soies éclatantes, abrité sous un large parasol, me jauger comme une vulgaire matière première. Puis on m'a marqué au fer rouge. Le nom de mon acheteur est gravé à jamais sur ma peau, derrière l'épaule. On a ensuite glissé dans ma bouche un akoko pour me bâillonner, un morceau de bois que l'on destine habituellement au bétail, avant de m'enchaîner à un autre compagnon d'infortune puis de nous jeter dans une case dans l'obscurité. L'attente a duré des semaines : nous étions entassés les uns sur les autres, à peine nourris. On testait notre résistance avant la grande traversée.

Et puis, un matin, les portes se sont ouvertes, la lumière est apparue et je l'ai aperçu droit devant moi : un arbre à saucisses, d'une dizaine de mètres de haut, planté sur les corps des hommes

Le tristement célèbre « arbre du Retour ».

sacrifiés. Ses grosses fleurs dégageaient une odeur nauséabonde, et ses fruits allongés lui ont donné ce nom étrange. On l'appelle l'arbre du Retour. Avant de quitter notre terre d'Afrique, on doit en faire trois fois le tour, un rituel garantissant à notre esprit de revenir, quoi qu'il arrive, sur le sol de nos ancêtres. Trois fois, j'ai fait le tour, en regardant ce tronc qui a vu passer toutes les souffrances des damnés. Mais je sais que je n'ai aucun espoir de revoir ma maison. Bientôt, on m'embarquera sur un navire puissant : je suis un esclave, je ne suis plus un homme.

Le saucissonnier est toujours planté au centre d'Ouidah, sur les côtes du Bénin, à quarante kilomètres à l'ouest de la capitale, Cotonou. L'arbre du Retour n'a jamais vu revenir ces deux millions d'hommes, de femmes et d'enfants qui en ont fait le tour, arrachés à l'Afrique pour les plantations du Brésil, d'Haïti ou des Antilles. Parfois, des sorciers vaudous continuent d'implorer les dieux dans la litanie de leurs cris : pour que l'âme des esclaves puisse revenir, comme les anciens le promettaient.

On l'appelle l'arbre du Retour. Avant de quitter notre terre d'Afrique, on doit en faire trois fois le tour, un rituel garantissant à notre esprit de revenir, quoi qu'il arrive, sur le sol de nos ancêtres.

Le jardin de Monet

Le Bassin aux nymphéas, peint en 1889 à Giverny, en Normandie, par Claude Monet, et représentant le pont japonais enjambant le jardin aquatique.

Giverny et Claude Monet, c'est l'histoire d'un coup de foudre mais aussi la plus grande aventure de l'art moderne.

Il s'est levé à 5 heures comme tous les matins, a revêtu un costume de gros tissu grisâtre, enfilé ce chapeau rond qui ne le quitte plus, et profite des premières lueurs de l'aube pour poser son chevalet dans le huis clos de ce jardin devenu tout autant son refuge que son lieu d'inspiration. Il se place bien dans l'axe de l'allée, face à l'étang qu'il a fait creuser, et fixe son regard sur le petit pont japonais de couleur verte qui enjambe les eaux. Le printemps a éveillé la nature dans une joyeuse explosion florale faisant apparaître des narcisses, des jonquilles, des tulipes et des pensées qui illuminent le tapis végétal de taches ensoleillées. Le saule pleureur, planté derrière le pont, fait retomber ses branches jusqu'au sol, conférant à l'ensemble une étrange et douce beauté. Dans une lumière d'une grâce inespérée, le peintre pose ses couleurs : un jaune d'or, du bleu foncé, un vert clair. Les pâtes s'épaississent, se mélangent, se fondent, fusionnent. Puis notre homme exécute d'un geste précis ces fleurs d'eau aux teintes blanches ou rouges, des nymphéas, comme il les nomme : il a préféré conserver leur nom antique plutôt que de les appeler simplement « nénuphars ». Sur la toile, le ciel emprunte un bleu inconnu pour se confondre avec l'eau, et les fleurs, en petites touches, flottent en apesanteur. L'impressionnisme a trouvé son maître.

Giverny et Claude Monet, c'est l'histoire d'un coup de foudre mais aussi la plus grande aventure de l'art moderne. En 1883, le peintre est arrivé au faîte de son art, de sa notoriété et de sa fortune. Il a conquis les critiques avec *Impression, soleil levant*, il a quarante-trois ans et remarque depuis la fenêtre d'un train départemental ce petit village de l'Eure à une soixantaine de kilomètres de Paris. C'est la campagne aux portes de la capitale. Il décide d'y poser sa valise et ses pinceaux, avec toute sa famille. Il y acquiert une vaste bâtisse adossée à un immense parc qu'il transforme au fil des ans en une véritable œuvre d'art : non seulement le jardin va inspirer tous ses tableaux, mais il en

Claude Monet a vécu dans cette maison de Giverny de 1883 à sa mort, en 1926 ; il y conçut l'ensemble des jardins. La demeure abrite aujourd'hui la fondation Claude-Monet, entièrement dédiée au peintre-jardinier, et accueille chaque année plus de 600 000 visiteurs.

deviendra le thème unique jusqu'à sa mort. « Tout mon argent y passe, confie-t-il à ses proches, mais je suis dans un tel ravissement. » Aimant répéter qu'il est meilleur jardinier que peintre, il fait creuser un large bassin, l'étang aux nymphéas, plante des iris, des fougères, des roseaux sur les rives, couvre les bâtiments de glycine, pose des parterres de clématites qui s'élancent à l'assaut des arceaux. Giverny devient un tableau grandeur nature que l'artiste peint inlassablement.

Durant trois décennies, Monet fait des nymphéas l'œuvre de sa vie, les immortalisant en plus de 250 toiles comme autant d'apothéoses. « J'ai mis du temps à comprendre mes nymphéas, écrit-il. Je les cultivais sans songer à les peindre… Un paysage ne vous imprègne pas en un jour. Et puis, tout d'un coup, j'ai eu la révélation des féeries de mon étang. J'ai pris ma palette. Depuis ce temps, je n'ai guère eu d'autre modèle. » Avec Giverny, il s'est fabriqué un paysage à son propre usage, un site réunissant à la fois l'eau et le ciel, le désordre végétal et les alignements d'arbres, le tout sous une lumière perpétuellement changeante. Pourtant, dans sa quête, Monet perd doucement la vue. Un handicap qui le conduit à réaliser des chefs-d'œuvre. Ses peintures deviennent plus abstraites, passant du réalisme au lyrisme pictural. Les toiles du maître suivent ainsi l'évolution de la cataracte dont souffre l'artiste. Et les détails des *Nymphéas* se diluent dès lors dans une onde floue tandis que les teintes varient et se découvrent plus aléatoires. Cette vision qui se perd ouvre étrangement tout le champ des possibles créatifs.

Ces paysages d'eau et de reflets sont devenus une obsession, et Monet y travaillera jusqu'à son dernier souffle, en 1926. Ses *Nymphéas* ? Elles trouveront place, un an après sa mort dans l'espace de l'Orangerie à Paris. Comme le symbole d'une nature exubérante et vivifiante au cœur de la ville.

Non seulement le jardin va inspirer tous ses tableaux mais il deviendra le thème unique jusqu'à sa mort.

Le confident de Sainte-Hélène

C'est à Sainte-Hélène, au fin fond de l'Atlantique Sud, que Napoléon mourut exilé, en 1821. C'est là que l'Empereur, jardinier à ses heures perdues, construisit sa légende.

Il a tenu le monde entre ses mains, il a commandé des armées entières, il a distribué des ordres à ses maréchaux, il a proclamé des lois qui ont passé l'épreuve du temps, il a élevé des monuments à sa gloire, il dormait trois heures par nuit, pouvait dicter cinq lettres en même temps à ses secrétaires. C'était un homme pressé, bouillonnant, inépuisable, toujours en mouvement, et là, il s'ennuie.

Son empire s'étendait à toute l'Europe, l'aigle impériale flottait sur les villes de Madrid, de Rome, de Berlin, de Varsovie, et là, il ne lui reste plus que quelques arpents de terre, sur un rocher noir et misérable planté au cœur de l'Atlantique Sud. Napoléon est un souverain déchu, désœuvré, exilé par les Anglais sur cette île de Sainte-Hélène, surveillé jour et nuit par ces sentinelles en tunique rouge qui épuisent les dernières forces qui lui restent.

Dans cette demeure de Longwood, un palais de poche humide et balayé par les alizés, il est entouré par une poignée de fidèles qui font revivre une cour imaginaire. Il a troqué son uniforme de colonel de la garde et ce bicorne qu'on apercevait à mille lieues sur les champs de bataille pour une simple veste de nankin, comme les fermiers d'ici, et un pantalon blanc de même étoffe, se coiffant d'un chapeau de paille à large bord pour se préserver du soleil et chaussant des pantoufles de maroquin rouge. L'Empereur est las. Il marche tête basse, les mains derrière le dos, s'avance vers un promontoire, contemple l'océan, écoute les grondements des vagues qui se fracassent contre la roche, songe à son fils qu'on a emmené en Autriche et à qui l'on cache le passé glorieux de ce père proscrit, pleure cet héritier qu'il ne peut serrer dans ses bras, qui ne reçoit même pas ses lettres. L'Empereur rêve de vengeance. Il lui faut écrire sa légende. L'Histoire ne l'oubliera pas.

D'abord se soustraire à la vue de ses geôliers qui épient ses moindres faits et gestes. Napoléon s'improvise paysagiste, parle d'agrandir les jardins de Longwood, d'élever un mur de gazon et une barrière forestière. Pour s'isoler du vent, se défend-il auprès du sinistre gouverneur britannique Hudson Lowe. Pour cesser d'être observé, surtout. On fait venir des brouettes, des pioches, des pelles et tous les instruments aratoires propres à défricher les terrains alentour. Vingt-quatre chênes adultes, transportés à dos d'homme, sont amenés sur le domaine. L'Empereur se met à la tâche, ses mains se couvrent d'ampoules, mais il retrouve un sursaut d'énergie dans ces travaux. Face aux trois petits escaliers menant à la salle de billard, il plante un premier chêne, puis quelques arbousiers, des gommiers, et un saule : ses rameaux longs et pendants le cacheront du soleil.

Dans cet abri de feuillus, l'Empereur a trouvé son dernier refuge. Il délaisse de plus en plus les promenades autour de l'île et ne sort plus que pour venir déjeuner dans cet espace hors du temps. Il y médite, s'isole dans la lecture des grands classiques, et demande à son fidèle Las Cases de l'y retrouver pour l'accompagner dans sa dernière grande œuvre, la rédaction de ses Mémoires. Napoléon sait que ses jours sont comptés, que ce mal qui lui ronge l'estomac lui sera bientôt fatal. Alors, sous le saule, il dicte sans relâche, fait le récit de ses campagnes, met en scène sa captivité. Le pont d'Arcole, l'Égypte, Marengo, le soleil d'Austerlitz, Friedland... il réécrit ses conquêtes, mais pour entrer dans la postérité. Napoléon construit sa gloire, devient, dans cette ultime retraite, l'égal de César et d'Alexandre, « un héros fantastique », selon les mots de Chateaubriand.

C'est à Sainte-Hélène que, dans sa chute, Napoléon parvint à gravir les dernières marches de son ascension, dans ce petit bosquet qu'il livra ses dernières confidences. Asseyez-vous sur ce petit banc vert à l'abri du vieux saule : le vent vous soufflera l'épopée de celui qui, ici, entra dans la légende.

Son empire s'étendait à toute l'Europe, l'aigle impériale flottait sur les villes de Madrid, de Rome, de Berlin, de Varsovie, et là, il ne lui reste plus que quelques arpents de terre, sur un rocher noir et misérable planté au cœur de l'Atlantique Sud.

L'un des chênes plantés par Napoléon lui-même. Les arbres sont une planche de salut pour l'Empereur car ils lui permettent d'échapper à la surveillance incessante de ses geôliers.

Le sophora de Marie-Antoinette

Portrait de la reine Marie-Antoinette en 1783, par Élisabeth Vigée Le Brun.

Le salon de compagnie du Petit Trianon, où la reine aimait se retirer avec ses amis, loin de Versailles et de la cour.

Quatre minuscules graines d'un arbre chinois inconnu que le père d'Incarville envoie un jour de 1747 à Bernard de Jussieu. Quatre minuscules graines que celui-ci plante dans les jardins encore marécageux du Petit Trianon de Versailles. Un château de poche encore en construction, édifié par Louis XV sous l'impulsion de sa favorite, Madame de Pompadour. Et puis, en 1774, Louis XVI succède à son grand-père et offre le domaine à sa femme Marie-Antoinette : « Vous aimez les fleurs, madame, j'ai un bouquet à vous offrir : c'est Trianon ! »

Oublié, l'arbre qui pousse au pied du bâtiment, avec son halo large et arrondi, ses branches tortueuses et pendantes. Jusqu'au jour de sa première floraison, un matin d'été 1779, quand apparaissent les premières teintes blanc crème. Marie-Antoinette arrête sa promenade, le contemple, veut en connaître l'origine. Des botanistes accourent, l'examinent, vérifient leurs herbiers et annoncent, triomphants, qu'il s'agit d'un *Sophora japonica*, qui pousse dans les contrées sud de la Chine.

La jeune reine a vingt-quatre ans, et elle a déjà conquis toute la Cour. Menue, blonde, blanche et rose, avec cette grâce et ce port de tête qui font dire à son page que, comme on offre une chaise aux autres femmes, on a envie de lui avancer un trône. Elle ne supporte pas les exigences de l'étiquette, la solennité et les intrigues de Versailles : « Ici, je ne suis plus reine, je suis moi. » Trianon est sa retraite arcadienne, son havre d'intimité, qu'elle modèle à son image pour retrouver l'enchantement d'un jardin anglo-chinois traversé par des lacs, des rivières et des sentiers ombragés. On y recense plus de 5 000 espèces, des caféiers d'Éthiopie, des magnolias d'Asie, des pins blancs d'Amérique, des figuiers du Portugal…

Autour d'elle gravite le « cercle enchanté » de ses compagnons les plus proches, spirituels, charmeurs, prodigues, avides surtout d'honneurs et d'argent. Du comte d'Artois, frère du roi, à Yolande de Polignac, l'âme sœur, du duc de Lauzun au beau Fersen, tous virevoltent autour d'une jeune femme sûre d'elle, exigeante, parfois capricieuse, souvent frivole. Trianon devient l'antre des fêtes nocturnes et des escapades champêtres. Auprès du sophora, les conversations sont légères, les bons mots fusent et les matières sérieuses ne trouvent pas leur place. La ressource commode des esprits superficiels, diront certains… La belle Autrichienne n'en a que faire. Dans son domaine, elle s'est affranchie de toute contrainte. La cérémonie du lever n'existe plus, elle se réveille seule, requiert le minimum de valets pour s'habiller et porte des toilettes simples, un chapeau de paille, un châle sur les épaules. On la retrouve l'après-midi au clavecin, Vaudreuil à la flûte, avant que la petite troupe de ses amis se perde dans les jardins en jouant à colin-maillard.

Mais derrière cette vie de plaisirs gronde le vent de l'Histoire. Le 5 octobre 1789, Marie-Antoinette se promène seule, nostalgique, et observe son sophora une dernière fois. Les émeutiers sont aux grilles ! On crie : « À mort l'Autrichienne ! Qu'on lui torde le cou ! » Elle n'oppose aucune résistance. « Soit, dit-elle, serait-ce ma mort ? J'y vais. » Elle ne reviendra jamais à Trianon.

Au cours de la tempête qui a traversé la France le 26 décembre 1999, 18 500 arbres ont été détruits dans le domaine de Versailles. Le sophora, ce vénérable de deux cent cinquante ans, a tenu bon. Une fois de plus…

Trianon est sa retraite arcadienne, son havre d'intimité, qu'elle modèle à son image pour retrouver l'enchantement d'un jardin anglo-chinois traversé par des lacs, des rivières et des sentiers ombragés.

Le dernier jardin du dernier empereur

Puyi est le douzième et dernier empereur de la dynastie Qing. Il n'a que trois ans quand il monte sur le trône de Chine, le 2 décembre 1908, pour un règne éphémère.

Retenu prisonnier par les Soviétiques en 1945, puis condamné à une longue rééducation par le régime communiste de Mao, Puyi est finalement libéré en 1960, et finit sa vie comme simple jardinier à Pékin.

En ce jour d'automne 1960, à Pékin, dans le ballet des bicyclettes, sous des haut-parleurs égrenant des maximes du *Petit Livre rouge*, un homme seul traverse la place Tiananmen dans la plus grande indifférence. Il marche à petits pas, son corps fluet flottant dans un uniforme gris trop grand pour lui, coiffé d'une casquette de toile verte, les yeux cerclés de lunettes rondes. Il salue respectueusement d'un mouvement de la tête le soldat de l'Armée populaire de libération en faction devant la Cité interdite, franchit la porte de l'Harmonie suprême, aborde une large allée, gravit quelques marches d'un escalier monumental gardé par des statues aux visages démoniaques, et se fige devant le pavillon de la Pureté céleste. Henry, c'est ainsi qu'il se prénomme désormais, vient d'être amnistié par le Grand Timonier, le président Mao. L'ancien matricule 981 a reconnu tous ses crimes et cette visite très spéciale de l'ancien palais impérial vient mettre un terme à sa rééducation. Il regarde maintenant le somptueux palais, symbole de l'ancien pouvoir de la puissante dynastie des Qing. Il est soudain pris d'un frisson : c'est ici, un demi-siècle plus tôt, le 2 décembre 1908, qu'il fut couronné empereur.

Choisi par l'impératrice Cixi sur son lit de mort, le petit Puyi a deux ans et dix mois quand on le hisse sur le trône du Dragon pour devenir le Fils du Ciel, l'égal d'un dieu sur terre. Dans le froid de l'hiver, la cérémonie dure des heures entières, interminables pour ce si jeune enfant enveloppé dans des étoffes d'or, subissant les hommages des commandants de la garde, la déférence des courtisans rituellement prosternés à ses pieds, le son des canons saluant l'avènement du nouveau souverain. C'est là qu'il vivra reclus les premières années de sa vie, entouré d'une armée d'eunuques qui ont pour rôle de l'accompagner dans tous ses mouvements, de lui obéir au doigt et à l'œil et d'être fouettés à sa place lorsqu'il lui arrive de mériter une punition. On lui a donné le nom de Siuan Tong, signifiant « vaste horizon ». Mauvais présage. Sa vie ne sera qu'une succession d'échecs. Dans sa tour d'ivoire, Puyi ne sait rien, ne comprend rien des fracas de l'Histoire qui se jouent à l'extérieur de la Cité interdite. Renversé par la révolution de 1911, la nouvelle République de Chine lui conserve ses titres, et il continue de vivre dans son palais à l'écart des tumultes. Il en sera chassé en 1924, devenant alors le jouet des Japonais, qui l'enferment dans une prison dorée de la concession nipponne de Tianjin, avant de lui accorder, en 1932, le trône de l'État fantoche du Mandchoukouo, où l'on maltraite la population chinoise, où le Fils du Ciel devient le mal absolu aux yeux de son peuple. En 1945, alors que les troupes japonaises battent en retraite, Puyi et la famille impériale sont capturés par les Soviétiques. Son épouse, l'impératrice Wan Rong, connaît une fin tragique : on l'expose dans une cellule comme un animal dans un zoo, on la laisse mourir de faim. Quant à Puyi, il est finalement extradé vers la Chine communiste et incarcéré dans le centre pour criminels de guerre de Fushun. Une lente « rééducation » commence. Il doit d'abord s'acquitter de gestes de la vie quotidienne qu'il n'a jamais accomplis par lui-même, comme se brosser les dents ou lacer ses chaussures. On le confronte régulièrement à d'anciens proches qui l'accablent de reproches, et il doit se repentir. Dix longues années passées ainsi, à réaliser des travaux manuels le matin, à se plonger en silence dans la lecture du *Quotidien du peuple* le reste de la journée. À ce rythme-là, on en oublie le faste du passé, on en vient même à les exécrer.

Henry n'a pas une émotion, pas un geste de regret en quittant l'enceinte de la Cité impériale. « Mes crimes ont causé la mort de millions d'êtres humains, et j'aurais cent fois mérité la mort, confesse-t-il dans son repentir. Au lieu de me tuer, on m'a donné la possibilité de regretter mes fautes et de travailler à la construction du socialisme. » C'est donc le cœur léger qu'il retourne au jardin botanique de Pékin, au nord de la capitale, où le régime communiste, pour son retour à la vie civile, lui a offert un poste de simple jardinier. Il habite une petite maison sans confort jouxtant ce parc de cinquante-six hectares créé en 1955 pour devenir le réceptacle de toutes les espèces cultivables du nouvel empire. Puyi a vécu sans jamais se rebeller. Il est bien tard désormais pour se poser des questions existentielles. Machinalement, presque heureux, il enfile sa tenue d'ouvrier, remplit d'eau son arrosoir et s'engouffre dans une serre de plantes tropicales pour accomplir son devoir d'homme libre, de simple citoyen, prenant soin dans cette nurserie végétale des jeunes pousses de palmier, de caféier ou de cacaoyer qu'il devra replanter plus tard, quand elles seront parvenues à maturité, sur les collines parfumées de ce jardin d'Éden. Mais l'objet de toutes ses attentions, c'est ce métaséquoia, espèce qu'on croyait disparue depuis la nuit des temps, mais que l'on a retrouvée par hasard en 1940. Les empereurs de Chine, dit-on, le vénéraient. À lui, comme une douce ironie, de le faire revenir à la vie. Dans ce dernier jardin, le dernier empereur s'éteindra en 1967, après avoir convolé en secondes noces avec une infirmière. Aucun des compagnons qui ont travaillé à ses côtés ne sut que, dans une autre vie, il avait été le Fils du Ciel.

Henry n'a pas une émotion, pas un geste de regret en quittant l'enceinte de la Cité impériale. « Mes crimes ont causé la mort de millions d'êtres humains, et j'aurais cent fois mérité la mort, confesse-t-il dans son repentir.

Le Tjikko éternel

Le plus vieil arbre du monde est né il y a plus de 9 500 ans, au sortir de la préhistoire. Il se trouve dans le nord de la Suède, dans la forêt de Fulurfjället.

Difficile de croire qu'un arbre puisse être vieux de près de dix mille ans. Difficile de croire qu'il ait pu prendre racine en des temps se perdant dans la brume des âges, à une époque où l'homme sortait à peine de la préhistoire. Difficile de croire qu'il ait pu commencer à s'élever vers le ciel bien avant la construction des pyramides de Saqqarah ou de Gizeh, en Égypte, bien avant l'avènement des civilisations sumérienne ou babylonienne, bien avant que Jéricho, la première ville supposée, voie le jour. La Terre sortait alors de la glaciation. La fonte des neiges provoqua des raz-de-marée que l'on évoquerait plus tard dans les récits bibliques, des digues naturelles cédèrent sous la pression de l'eau, des mers comme la Méditerranée se formèrent, des continents se séparèrent et nos ancêtres, après avoir tremblé de froid, sortirent de leur confinement, retirèrent leurs fourrures et commencèrent à cultiver leur jardin. Certains abandonnèrent le nomadisme, la cueillette et des chasses épuisantes. Quelque part en Mésopotamie, dans le « Croissant fertile » des lueurs de notre humanité, quelques pionniers s'avisèrent alors de se fixer durablement sur une terre, et les premières graines de seigle furent plantées, annonçant les débuts de l'agriculture. Difficile décidément de croire qu'un arbre ait pu connaître une telle épopée. Et pourtant. Le miracle du végétal déjoue l'entendement des hommes.

Il se tient debout depuis la fin de la dernière période glaciaire, depuis plus de quatre-vingt-quinze siècles, loin de l'agitation des villes, loin des sentiers balisés, dans les hauteurs montagneuses de la forêt de Fulurfjället, dans le nord de la Suède. Prenez le temps de le chercher, car il pourrait passer inaperçu. Cet épicéa,

Le Tjikko appartient à l'espèce des conifères et fut découvert en 2004 par un géologue qui analysa sa longévité au carbone 14.

Durant des milliers d'années, le climat gelé de la toundra a conservé le vieux Tjikko relativement petit, quasiment à l'état de buisson. Il aura fallu que notre planète commence à se réchauffer il y a plus de 800 ans pour qu'il commence à sortir de sa torpeur, à grandir, à s'élever. Il semble si fragile. Il est cependant invincible.

le plus vieil arbre du monde, a su se faire discret, et personne n'a cherché à le vénérer, à le déraciner en guise de trophée, à le couper pour du bois de chauffe. Dans un univers pierreux, dans un enchevêtrement d'épineux et de buissons, il n'a rien de majestueux, n'affiche que quatre mètres de hauteur, un tronc si fin que la moindre bourrasque pourrait l'emporter, avec une cime dégarnie laissant s'échapper quelques maigres branchages. Un sapin tout simple qui aurait pu finir dans une cheminée de Noël s'il n'avait pas retenu l'attention du géologue Leif Kullman en 2004. Le scientifique avait remarqué la présence isolée de ce vénérable, ses racines proéminentes s'étendant largement autour de sa base, et le baptisa Old Tjikko en hommage à son chien disparu, un husky de Sibérie qui l'accompagnait dans ses expéditions hivernales. Intrigué, il poussa la curiosité jusqu'à permettre sa datation par une analyse au carbone 14. Verdict sans appel : notre vieillard avait plus de 9 550 ans. Une longévité déroutante qui s'explique par un phénomène tout aussi exceptionnel : cette espèce d'épicéa a trouvé dans le marcottage le secret de l'immortalité, le Graal absolu, avec la particularité de pouvoir se cloner lui-même dans une perpétuelle renaissance. Alors que le tronc ne peut vivre « que » six cents ans environ, dès que cette partie meurt, une nouvelle tige émerge du stock racinaire, permettant l'étrange phénomène d'une régénérescence permanente.

Durant des milliers d'années, le climat gelé de la toundra a conservé le vieux Tjikko relativement petit, quasiment à l'état de buisson. Il aura fallu que notre planète commence à se réchauffer brutalement, il y a plus de huit cents ans, pour qu'il commence à sortir de sa torpeur, à grandir, à s'élever. Il semble si fragile. Il est cependant invincible. Il a connu tous les bouleversements de la nature. Il sait aujourd'hui combien le monde du vivant est malmené, que treize millions d'hectares de forêts, l'équivalent de la surface de la Belgique, disparaissent chaque année sous les coups de l'abattage illégal, d'une urbanisation croissante, de l'extraction industrielle des sous-sols. Il sait les dangers qui menacent l'horizon de notre humanité, ce changement climatique qui bouleverse l'écosystème, cette biodiversité qui suffoque, cette extinction sans précédent du monde animal. Le vieux Tjikko, cet indestructible, a vu l'espèce humaine se développer. Il la voit se consumer. Espérons qu'il ne la verra pas agoniser.

Remerciements

Je tiens à remercier :

Michel Lafon, pour la liberté qu'il m'a offerte ;
Cyril Drouhet, pour avoir su trouver les mots ;
Paul Raymond Cohen, pour son élégance ;
Marie Dreyfuss, pour avoir cru en ce projet ;
Annabelle Roche, pour sa présence à mes côtés.

Je tiens également à remercier chaleureusement :

Alexandre Abrard
Paul Bocuse
Jacques Chenivesse
Romain Clergeat
Gérard Depardieu
Rossila Goussanou
Yonnel Leblanc
Régina Maréchal
Gérard Rancinan
Jacques Rocher
Claude Skalawski
Sylvain Bendjiriou
Marc Brincourt
Guillaume Clavières
Silvio Denz
Anne-Laure Ducoin
Francis Latreille
Élie Lévy
Jean-François Piège
Denis Renaudin
Olivier Roques Rogery
Sam Vintenat

Karin Nebot et la Manufacture Kaviari
Le Musée Renoir, à Cagnes-sur-Mer
La Fondation Vincent-Van Gogh, à Arles
La Maison George Sand, à Nohant
Le Ground Zero Memorial, à New York
La Maison Anne Frank, à Amsterdam
Le centre de la Mémoire d'Oradour-sur-Glane
La Villa René Lalique
La Fondation Claude Monet, à Giverny, et Laurent Échaubard

www.richardmelloul.com

Crédits photographiques

© Richard Melloul

À l'exception des photos suivantes :
p. 6 : © Sam Vintenat ; pp. 12-13 : © Musée Renoir ; p. 16 : © Keystone-France/Getty Images ; p. 25 : © Elena Grigoreva/Getty Images ; pp. 26-27, 28-29, 31 : © Francis Latreille ; p. 33 : © Wojtek Laski/Getty Images ; p. 43 : © Universal History Archive/Getty Images ; p. 49 (haut) : © DE AGOSTINI PICTURE LIBRARY/Getty Images ; p. 51 : © Keystone-France/Getty Images ; pp. 67, 70 (haut) : © Bettmann/Getty Images ; p. 73 : Heritage Images/Getty Images ; pp. 74-75, 77, 78 : © Chip Somodevilla/Getty/Images/AFP ; p. 76 (haut) : © Apic/Getty Images ; p. 76 (bas) : © David Turnley/Getty Images ; p. 79 (haut) : © Boston Globe/Getty Images ; p. 79 (bas) : © Christopher Furlong/Getty Images/AFP ; p. 81 : © DeAgostini/leemage ; p. 84 : © Claudiad/Getty/Images ; p. 85 : © Christ on the Mount of Olives, 1505 (oil on panel), Burgkmair, Hans (c.1473-1531)/Hamburger Kunsthalle, Hamburg, Germany/Bridgeman Images ; p. 87 : © Daily Mirror ; p. 90 : © RollingStone ; p. 93 : © Robin Hood (litho), Hope, Robert (1869-1936)/Private Collection/Bridgeman Images ; pp. 94-95 : © Mikeuk/GettyImages ; p. 96 : © Robin Hood and his Merry Men, 1859 (mixed media on paper), Warren, Edmund George (1834-1909)/Private Collection/Photo © Christie's Images/Bridgeman Images ; p. 97 (haut) : © Hulton Archive/Getty Images ; p. 97 (bas) : © Royal Geographical Society/Getty Images ; pp. 99, 102 (bas), 103, 104 (haut), 105 : © Anne Frank Fonds Basel/Getty Images ; p. 102 (haut) : ullstein bild Dtl./Getty Images ; p. 104 (bas) : © ANNE FRANK (1929-1945) German-Jewish diarist. Anne and her father Otto (center) going to the wedding of their friends Miep and Jan Gies, Amsterdam, July 1941/Granger/Bridgeman Images ; p. 107 : © Selva/leemage ; pp. 108-109 : © R.M. Nunes/Getty Images ; pp. 110-111, 113 : ©Matthieu Ricard/www.Karuna-Shechen ; p. 112 (haut) : © Radiokukka/Getty Images ; p. 112 (bas) : © Robert Nickelsberg/Getty Images ; p. 115 : © Stock Montage/Getty Images ; p. 121 : © Photo Josse/leemage ; p. 124 (signature) : © Gusman/leemage ; p. 125 : © FineArtImages/leemage ; p. 126 : © Photo Josse/leemage/Getty Images ; p. 127 : © MP/leemage ; p. 132 : © Vincent Van Gogh, aged about 13 (b/w photo), Dutch Photographer, (19th century)/Van Gogh Museum, Amsterdam, The Netherlands/De Agostini Picture Library/Bridgeman Images ; p. 133 : © Print Collector/Getty Images ; p. 134 : © DE AGOSTINI PICTURE LIBRARY/Getty Images ; p. 135 : © Bettmann/Getty Images ; p. 137 : © Robert Stolarik/Polaris/Starface ; pp. 138-139 : © Matthew McDermott/Polaris/Starface ; p. 140 : © David Goldman/Getty Images/AFP ; p. 141 (haut) : © Mario Tama/Getty Images/AFP ; p. 141 (bas) : © DR ; p. 143 : © Claude Skalawski ; pp. 144-145 : © DR ; p. 147 : © Isadora/leemage ; pp. 148-149 : © National Trust Images/James Dobson ; p. 150 : © DE AGOSTINI PICTURE LIBRARY/Getty Images ; p. 151 : © Imagno/Contributeur ; pp. 153, 156-157, 158 (bas), 159, 160-161 : © Shaw Family Archives/Getty Images ; pp. 154-155, 158 (haut) : © Sarah Hugues ; p. 163 : © Heritage Images/Getty Images ; p. 166 : © Stoyan Vassev/Getty Images ; p. 167 : © Photo Josse/leemage/Getty Images ; p. 169 : © Bettmann/Getty Images ; pp. 170-171 : © Usis-Dite/leemage ; pp. 172-173 : © Popperfoto/Getty Images ; pp. 174-175 : © Gérard Rancinan ; p. 177 : © DEA PICTURE LIBRARY/Getty Images ; p. 178 : © Fine Art/Getty Images ; pp. 180-181 : © Universal History Archive/Getty Images ; p. 183 : © ZU_09/Getty Images ; pp. 184-185, 186-187 : © Rossila Goussanou ; p. 189 : © Waterlily Pond, 1899 (oil on canvas), Monet, Claude (1840-1926)/National Gallery, London, UK/Bridgeman Images ; p. 192 : © George Rinhart/Getty Images ; p. 193 : © Hulton Archive/Getty Images ; p. 197 : © Bianchetti/leemage ; pp. 198-199 : © Olivier Roques Rogery ; p. 200 : © Napoléon à Sainte-Hélène – in « Plutarque Français », 1841 (T.8)/Photo © Selva/Bridgeman Images ; p. 201 : © Alexis Gérard/Annabelle Matter ; p. 209 : © Aixinjueluo Puyi (1906-1967) known as Pu Yi, also called Xuantong, 7th son of emperor Daoguang, great-nephew of empress TseuHi, last emperor of China in 1909-1911, here as a child in 1908/Tallandier/Bridgeman Images ; pp. 210-211 : © Luis Castaneda Inc./Getty Images ; p. 212 (haut) : © Photo12/Ann Ronan Picture Library ; pp. 212 (bas), 213 : © KEYSTONE-FRANCE ; p. 215 : © Cavan Images/Getty Images ; pp. 216-217, 218-219, 221 : © Alexandre Abrard.

Direction artistique
Richard Melloul et Paul Raymond Cohen

Direction éditoriale
Marie Dreyfuss et Annabelle Roche

Réalisation
Paul Raymond Cohen

Fabrication
Christian Toanen et Nikola Savic

Photogravure
Nord Compo

Achevé d'imprimer par Graphius en Belgique

ISBN 13 : 978-2-7499-3958-2
Dépôt légal : octobre 2019
LAF : 2743

118, avenue Achille-Peretti
CS 70024 – 92521 Neuilly-sur-Seine Cedex

www.michel-lafon.com

FSC
www.fsc.org
MIXTE
Papier issu de sources responsables
FSC® C014767